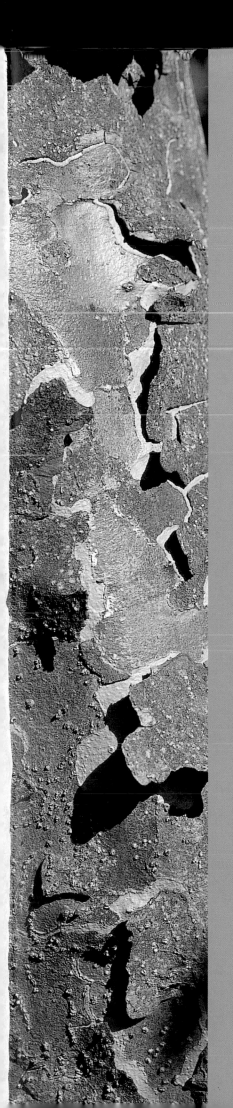

ÁRBOLES
PARA
JARDINES
PEQUEÑOS

ÁRBOLES
PARA
JARDINES
PEQUEÑOS

Simon Toomer

BLUME

BLUME

Título original:
Trees For the Small Garden

Traducción:
Manuel Pijoan Rotgé

**Revisión científica de la edición
en lengua española:**
Dr. Francisco Xavier Sans Serra
Departamento de Biología Vegetal
Unidad de Botánica
Facultad de Biología
Universidad de Barcelona

**Coordinación de la edición
en lengua española:**
Cristina Rodríguez Fischer

*Primera edición en lengua
española 2005*

© 2005 Naturart, S. A.
Editado por BLUME
Av. Mare de Déu de Lorda, 20
08034 Barcelona
Tel. 93 205 40 00 Fax 93 205 14 41
E-mail: info@blume.net
© 2005 Quarto Publishing PLC, Londres

I.S.B.N.: 84-8076-598-4

Impreso en China

Contenido

Introducción 6

Directorio de árboles...... 20
Acer davidii 22
Acer griseum 24
Acer japonicum 26
Acer palmatum 28
Acer pseudoplatanus
«Brilliantissimum» 31
Aesculus x *neglecta*
«Erythroblastos» 32
Aesculus pavia 34
Alnus incana «Aurea» 35
Amelanchier lamarckii 36
Aralia elata 38
Arbutus unedo 40
Azara microphylla 42
Betula pendula «Youngii» 43
Betula utilis 44
Cedrus atlantica «Glauca Pendula» .. 46
Cercis canadensis 48
Chamaecyparis obtusa......... 50
Chamaecyparis pisifera «Filifera» ... 51
Chionanthus virginicus 52
Cladrastis kentukea 54
Cornus alternifolia 56
Cornus kousa 58
Cornus mas 60
Cotinus coggygria 62
Crataegus crus-galli .... 64 .
Crataegus laevigata 66
Crinodendron hookerianum 68
Cryptomeria japonica «Elegans».... 70

Embothrium coccineum 72

Eucalyptus gunnii 73

Eucryphia glutinosa 74

Euonymus hamiltonianus 76

Euptelea polyandra 78

Fagus sylvatica
«Purpurea Pendula» 80

Ficus carica 81

Halesia tetraptera 82

Hoheria glabrata 83

Ilex aquifolium 84

Ilex opaca 86

Juniperus scopulorum 88

Koelreuteria paniculata 89

Laburnum x watereri 90

Lagerstroemia indica 92

Ligustrum lucidum 94

Maackia amurensis 95

Magnolia grandiflora 96

Magnolia x soulangiana 98

Magnolia stellata 100

Malus floribunda 102

Malus hupehensis 104

Morus nigra 106

Nyssa sinensis 108

Oxydendrum arboreum 110

Parrotia persica 111

Photinia villosa 112

Pinus aristata 114

Pinus sylvestris «Aurea» 116

Prunus dulcis 118

Prunus serrula 119

Prunus x subhirtella 120

Ptelea trifoliata 122

Pyrus calleryana 124

Pyrus salicifolia «Pendula» 126

Rhus typhina 128

Robinia pseudoacacia 130

Salix alba «Britzensis» 132

Salix daphnoides 134

Salix matsudana «Tortuosa» 135

Sorbus aria 136

Sorbus aucuparia 138

Sorbus vilmorinii 140

Staphylea holocarpa 141

Stewartia sinensis 142

Styrax japonica 144

Syringa reticulata 146

Taxus baccata 148

Tetradium daniellii 150

Tilia mongolica 152

Trachycarpus fortunei 154

Ulmus glabra «Camperdownii» 156

Seleccionador de árboles

Seleccionador de árboles 158

Flores atractivas. 160

Frutos o piñas atractivos 162

Interés del follaje 164

Color otoñal 166

Corteza atractiva 168

Interés invernal 170

Bibliografía/Asociaciones 172

Índice 173

Créditos 176

¿Por qué un árbol?

El hecho de plantar árboles constituye una de las tareas más duraderas y valiosas que pueden llevarse a cabo. Se trata de un trabajo que puede realizarse con rapidez, con escasos gastos y sin la necesidad de un equipo especializado. Afortunadamente, los árboles no tienen un crecimiento tan lento como se cree comúnmente, de modo que las recompensas de plantar hoy las podrán disfrutar tanto el propio jardinero como las generaciones futuras. En ningún otro lugar esta afirmación es más cierta que en los pequeños jardines, donde un árbol de modestas dimensiones puede causar impacto incluso unos pocos años después de su plantación, antes de continuar desarrollándose y madurando durante décadas.

Hoy en día se dispone de un gran número de árboles procedentes de todos los rincones del mundo con los que decorar nuestros jardines. Además de sus valores meramente decorativos, los árboles desempeñan un papel funcional en nuestras vidas, ya que ayudan a atenuar algunos aspectos negativos del medio ambiente urbano. En este sentido, amortiguan los desagradables ruidos, apantallan las construcciones de escasa estética y ofrecen sombra y cobijo. Además de conferir altura y estructura al jardín, su desarrollo gradual y su longevidad aportan un elemento de estabilidad que no proporcionan las plantas herbáceas. Asimismo, tienen la capacidad de modificar el clima del jardín, al mismo tiempo que posibilitan que una gama más extensa de plantas de carácter menos rústico pueda desarrollarse bajo su protección. Muchas especies adquieren gran carácter con los años, de manera que se convierten en parte integrante de la casa y del jardín e incluso llegan a incrementar su valor.

Sin embargo, no debe olvidarse que, además de sus numerosas contribuciones, cuando estas plantas se emplean de un modo inadecuado se convierten en una de las causas más comunes de disputa entre vecinos. La plantación inadecuada de coníferas de crecimiento rápido, como, por ejemplo, los cipreses de Leyland, ha obligado a algunos gobiernos a promulgar leyes para hacer frente a este tipo de problemas; además, cada año, tanto las autoridades locales como los propietarios de las viviendas gastan enormes sumas de dinero en una interminable lucha para controlar los árboles que crecen en exceso. Las reclamaciones a las compañías de seguros por los daños provocados por hundimientos en los edificios se han disparado en muchas zonas de un modo espectacular y, con frecuencia, la culpa recae en los árboles. Estos problemas hacen que los árboles urbanos adquieran mala reputación, al mismo tiempo que subrayan la importancia de seleccionar con cuidado tanto las especies como los emplazamientos con el fin de sacar provecho de estas plantas. Este libro intenta ayudar a quienes se enfrentan a la amplia y desconcertante serie de árboles disponibles.

La selección y la plantación concienzudas de árboles como Salix daphnoides *(izquierda) pueden aportar interés al jardín durante todo el año.*

¿Árbol o arbusto?

No existe un acuerdo universalmente aceptado entre lo que se considera árbol y lo que se considera arbusto. Ambos producen una estructura leñosa de troncos y ramas que les permite adquirir mayor tamaño que las plantas herbáceas para competir por la luz. Por lo general, se considera que los árboles poseen unas dimensiones mayores y tienen mayor tendencia a crecer a partir de un único tronco. Los arbustos, por su parte, poseen numerosos troncos y suelen tener un tamaño menor. En el contexto de un jardín, resulta útil pensar en términos de paisaje. En este sentido, los árboles se consideran plantas de mayor tamaño que proporcionan un dosel bajo el cual se desarrollan los arbustos y las plantas herbáceas de menores dimensiones, tal y como sucede en los bosques naturales. Muchas de las plantas que se incluyen en este libro pueden clasificarse como árboles o como arbustos, aunque si disponen de las condiciones adecuadas y quizás de unas cuantas podas sensatas, todas ellas poseen el potencial para convertirse en un pequeño árbol.

Un jardín de pequeñas dimensiones

Cada uno de nosotros tiene su propia idea, basada en su experiencia, de lo que es un jardín de pequeñas dimensiones. Es probable que lo que acostumbra a considerarse grande en un entorno urbano se considere muy pequeño en un entorno rural o suburbano. Por esta razón, en este libro no se ha intentado definir con precisión qué es un jardín de pequeñas dimensiones, sino que el objetivo ha radicado en seleccionar árboles de dimensiones lo suficientemente reducidas para adecuarse a una amplia gama de situaciones domésticas.

Los árboles descritos en el libro

La lista de los árboles descritos en este libro no constituye más que una pequeña muestra de las numerosas especies y formas disponibles. Las plantas elegidas, sin embargo, representan un espectro lo suficientemente amplio como para suplir las necesidades de los propietarios de jardines y paisajistas, a excepción de los más exigentes. La mayoría de las especies son muy conocidas y fáciles de obtener en los viveros y centros de jardinería, aunque también se incluyen ciertos árboles menos usuales con el fin de satisfacer las necesi-

dades de aquellos que buscan mayor originalidad. Junto con los 80 árboles descritos, se mencionan o describen brevemente otros que pueden ser más apropiados para ciertos emplazamientos o climas y que ofrecen una alternativa a las especies que se eligen de manera más habitual. Muchos de los árboles de esta lista pertenecen a variedades cultivadas que se seleccionaron especialmente por ciertas características, tales como el color de las flores o su hábito llorón. En algunas especies, existe un gran número de variedades cultivadas disponibles, aunque aquí sólo se han descrito algunas de las más representativas.

La mayoría de los árboles que se describen, a excepción de ciertos ejemplares, son de pequeñas dimensiones, de modo que no suelen superar los 10 m de altura. Muchos de ellos son considerablemente menores y, por lo tanto, apropiados para espacios muy reducidos o bien para complementar a árboles de mayor tamaño.

La rapidez de crecimiento y el tamaño de los árboles varía, en gran medida, de una localidad a otra, de modo que las cifras que se mencionan sólo son aproximadas. Cuando se incluyen especies de mayor envergadura o existe la posibilidad de que un árbol alcance mayor altura que la indicada, esta información se aclara debidamente en el texto, así como en la ficha descriptiva.

Las especies elegidas son muy variables en lo que respecta a su rusticidad y requisitos de cultivo. Algunas son muy adaptables y capaces de desarrollarse bajo distintas condiciones, mientras que otras son bastante más exigentes y tienen necesidades más estrictas.

La mayoría de los jardines disponen del espacio suficiente para plantar un árbol que crezca como ejemplar aislado.

Elegir el árbol apropiado

Antes de adquirir un árbol para el jardín, es preferible invertir cierto tiempo en considerar las posibles opciones. Ningún centro de jardinería o vivero es lo suficientemente grande para albergar a todas las especies y variedades cultivadas disponibles, lo que implica la necesidad de una lectura detenida de libros y catálogos sobre este tema. Tan sólo así se puede descubrir una serie de especies y variedades cultivadas mucho más amplia que, de otro modo, hubiera pasado desapercibida.

Lo más importante que hay que tener en cuenta es el hecho por el que se pretende cultivar árboles. Con demasiada frecuencia, la gente realiza una elección precipitada, basada en el mero aspecto de la planta sin prestar atención a sus atributos, a sus requisitos o a la función que tiene que cumplir en el jardín. Al igual que la adquisición del primer atractivo cachorro que vemos en el escaparate de un establecimiento de animales de compañía, el hecho de comprar un árbol de un modo precipitado puede conllevar consecuencias negativas muy duraderas, en especial cuando ese pequeño pimpollo que en un momento determinado adquirimos alcanza más de 25 m y se desarrolla más allá del jardín. Es preferible tomarse el tiempo necesario para pensar para qué queremos el árbol y decidir de un modo más objetivo para aunar los requisitos del jardín con los atributos de una planta concreta. Aunque la elección final pueda poseer todavía un componente de impulso emocional, deberá basarse, como mínimo, en una lista restringida de especies posibles.

Las primeras preguntas que hay que hacerse versan sobre la utilidad del árbol y si se requieren algunos atributos en concreto. Una vez determinado este aspecto, puede elaborarse una lista de plantas que cumplan estos requisitos. Finalmente, la lista puede reducirse hasta incluir tan sólo los árboles que tolerarán las condiciones concretas de clima o suelo, además de otras con las que se tendrán que enfrentar en su futuro emplazamiento. Las fichas descriptivas y el seleccionador resultan especialmente útiles en este proceso.

Aunque los libros y catálogos pueden proporcionar ideas, hechos y cifras, nada se puede comparar con el hecho de contemplar la planta, de modo que resulta bastante interesante visitar los jardines botánicos y otros lugares para ver el aspecto de los árboles seleccionados antes de su adquisición.

Los árboles pueden usarse de muy distintas maneras en el paisaje del jardín. El contorno irregular de árboles como los del género Amelanchier *(izquierda) puede proporcionar un interesante contraste con las líneas geométricas del diseño contemporáneo.*

El color constituye un elemento vital en el paisajismo de los jardines. Las magníficas hojas del género Cotinus (superior) pasan por una serie de tonalidades amarillentas, anaranjadas y rojas durante el otoño.

El paisaje del jardín

Los árboles poseen un papel muy importante en casi todos los jardines. Proporcionan el armazón estructural por debajo del cual pueden disponerse las plantas de menor tamaño, además de las más efímeras. Cuando se diseña partiendo de cero, estas plantas suelen ser las primeras a las que se les atribuye un emplazamiento; sin embargo, cuando el jardín ya existe, deben elegirse árboles que complementen los elementos decorativos ya existentes.

Independientemente de que lo que se necesite sea una planta individual que supla una necesidad concreta, como cierto número de plantas que proporcionen una estructura general, resulta importante considerar el modo en que estas plantas contribuirán a la variedad de colores, texturas y formas para crear una atmósfera interesante y variada. Para que el jardín sea algo más que un mero conjunto de plantas, también es importante que estén dispuestas de tal forma que se complementen unas con otras y muestren de la manera más adecuada sus atributos. Las plantas estacionales deberán elegirse y ubicarse con esmero para proporcionar una secuencia de interés y alegrar incluso los meses más apagados del año. Tanto si se trata de flores como de tallos coloreados o de frutos otoñales, una combinación perfectamente estudiada de los rasgos ornamentales permitirá asegurar que, mientras la floración de una planta empieza a desaparecer, otra especie ya está a punto para entrar en escena. Para algunas, como las especies del género *Amelanchier*, la floración es efímera, de modo que durante el resto del año la planta se ve limitada a la modesta belleza de su follaje para poder llamar la atención. Otras, como *Betula pendula* «Youngii», resultan impactantes durante todo el año, de modo que merecen un lugar de honor en un emplazamiento destacado. En los jardines muy reducidos en los que

sólo hay espacio para unas pocas plantas, los árboles como éste son especialmente valiosos. Ciertas especies tienen un aspecto tan inusual o espectacular que permiten realizar combinaciones paisajísticas especialmente atrevidas. Las plantas de follaje de color púrpura, como *Cotinus coggyria* «Royal Purple», así como las que tienen hojas poco usuales, como *Tachycarpus fortunei*, forman parte de esta categoría. Siempre resulta tentador llenar el jardín con plantas como ésta en un intento de asegurarse un espectáculo constante. Pero como sucede en otros ámbitos, el hecho de poseer demasiados ejemplares de un elemento hermoso o bueno se traduce de forma inevitable en una devaluación de incluso el más espectacular de estos elementos. Así pues, este tipo de ejemplares deberá plantarse con mucha moderación. Además, es probable que la mayoría de los jardines de reducidas dimensiones no posea espacio para más de uno o dos de estos ejemplares.

Algunos tipos de plantas cumplen, sobre todo, una función de apoyo en el jardín. Las plantas de hoja perenne, como los tejos y los acebos, pueden no resultar las plantas más espectaculares que existen, aunque durante gran parte del año se erigen como los grandes héroes desconocidos del diseño de jardines, ya que proporcionan tanto pantallas que controlan las vistas, como un fondo que realza las especies más ornamentales. Asimismo, estas plantas pueden cumplir una función todavía más pedestre al aparecer como setos que definen límites o incluso como meros cortavientos.

Tamaño

De todas las características susceptibles de tenerse en cuenta a la hora de elegir un árbol, el tamaño se considerará la más importante. Además de la necesidad obvia de evitar las especies que puedan desarrollarse más allá de los límites del jardín, debe considerarse el hecho de que se adecuen a la escala del espacio disponible y que complementen al resto de plantas. Incluso los árboles que no superan la modesta altura de los 10 m pueden resultar demasiado grandes para algunos espacios, mientras que ejemplares de 2 a 3 m pueden verse muy fuera de la escala si se plantan como árboles aislados en encuadres paisajísticos de mayores dimensiones.

Además de la altura, otra consideración importante es la amplitud. Así, por ejemplo, *Parrotia persica*, que normalmente alcanza una altura de unos 8 m, puede parecer una opción más adecuada para un espacio limitado que *Juniperus scopulorum*, un árbol que puede alcanzar 12 m de altura. Sin embargo, la estrecha estructura de este último permite su plantación en jardines donde la amplitud de *Parrotia* no tardaría en resultar problemática.

Una de las dificultades a las que una persona se enfrenta cuando intenta predecir el tamaño de las plantas es su gran variabilidad. Incluso los ejemplares de una misma especie muestran marcadas diferencias dependiendo del clima, las condiciones del suelo y el origen. *Magnolia grandiflora*, por ejemplo, alcanza con frecuencia más de 25 m de altura en los estados del sur de EE.UU., aunque sus dimensiones se tornan mucho más modestas cuando se planta más al norte. Una opción, sobre todo en el caso de los árboles

más comunes, consiste en intentar averiguar en los jardines vecinos las dimensiones que presumiblemente alcanzará una especie concreta. Si, a pesar de todo, no está demasiado seguro, es preferible pecar por excesiva prudencia y elegir un árbol de menor tamaño. Afortunadamente, ya son muchas las plantas de las que se dispone de variedades cultivadas que proporcionan una versión a pequeña escala. *Magnolia grandiflora* constituye un perfecto ejemplo de ello. En este sentido, «Little Gem» es una de sus variedades cultivadas de menor tamaño.

Rusticidad y clima

Una vez determinadas las características físicas y estéticas necesarias para complementar el paisaje del jardín, es importante asegurarse de que los árboles elegidos se desarrollarán adecuadamente en la zona climática donde se planten. Incluso la especie más hermosa puede convertirse en un ejemplar tan poco atractivo como decepcionante si se cultiva en unas condiciones poco apropiadas.

La rusticidad constituye un elemento importante, sobre todo en las regiones de clima templado o frío. En algunas ocasiones, obliga incluso a reducir la relación de especies posibles. En este sentido, resulta de gran utilidad consultar los mapas de las zonas climáticas que se incluyen en las guar-

Las especies como Acer palmatum *(inferior), que en la naturaleza viven a la sombra de otras plantas, pueden ubicarse debajo de árboles de mayor tamaño para crear un paisaje en varios estratos o capas.*

das de este libro. Se trata de unos mapas que indican las temperaturas mínimas en invierno en cada una de las zonas y que pueden usarse junto con las cifras que se incluyen en la ficha descriptiva de cada planta. Por útiles que resulten, estos mapas obviamente no pueden mostrar los microclimas locales, de modo que no deberán usarse de un modo exhaustivo. Algunas plantas, como *Azara microphylla*, se pueden cultivar en zonas situadas por debajo de la cifra que se expresa, al abrigo de una pared, mientras que otras que en teoría se consideran rústicas en una región concreta pueden dejar de serlo debido a la recurrencia de las heladas primaverales. Por otro lado, debe tenerse en cuenta, sobre todo en regiones mediterráneas o subtropicales, el hecho de que las plantas que se han adaptado a los climas frescos con frecuencia se desarrollan peor en los climas más cálidos. Cuando los árboles se planten en zonas que se encuentren muy por encima de su valor mínimo, se deberá considerar a conciencia esta limitación. En muchos casos puede resultar de ayuda saber cuál es la zona climática máxima aconsejable, valor que en el libro se encuentra en la ficha descriptiva de la mayoría de las 80 plantas elegidas.

El riego del jardín constituye una tarea necesaria que un gran número de personas preferiría no tener que realizar. Aunque el incremento en la frecuencia y la abundancia del riego durante las sequías puede evitar muchos problemas, es preferible no plantar árboles cuyas necesidades hídricas sean muy superiores a la media de la pluviosidad. En este sentido, en lugares de clima seco, se aconseja elegir árboles como *Robinia pseudoacacia* «Frisia», ya que pueden sobrevivir en amplios períodos de sequía. Una vez más, las fichas descriptivas pueden resultar de gran ayuda para determinar cuáles son las plantas adecuadas.

Exposición

Los árboles se han desarrollado en una gran variedad de entornos naturales. *Acer palmatum*, por ejemplo, se desarrolla de forma natural en los bosques del centro de China, Corea y Japón, por lo general a la sombra de árboles de mayores dimensiones. Esta característica puede resultar muy ventajosa en los jardines donde el arce pueda ocupar emplazamientos umbríos o formar un estrato intermedio entre ár-

En la práctica, muchos árboles, entre los que se encuentran los espinos y los majuelos, se desarrollan mejor en zonas climáticas situadas en o un poco por encima de sus mínimos y crecen peor en zonas más cálidas.

boles de mayor tamaño y plantas herbáceas. Algunos árboles, por otra parte, deben permanecer a pleno sol para poder prosperar o florecer de manera adecuada. La mayoría de los sauces se caracterizan por su aversión a la sombra y *Koelreuteria paniculata*, por su parte, rara vez florece si no se encuentra a pleno sol.

La protección o resguardo también constituye un factor importante e incluso determinante en el caso de algunas especies, sobre todo cuando son jóvenes. Los árboles delicados, como *Embothrium* y *Crinodendron*, pueden cultivarse con éxito en zonas situadas fuera de su límite climático habitual, siempre que se encuentren al resguardo de un muro protector o de otras plantas. Otros, como *Stewartia* y algunas especies de *Nyssa*, sienten predilección por permanecer resguardados incluso en sus zonas climáticas. Algunas de las especies más útiles prosperan incluso en lugares muy expuestos a las inclemencias. Todas las especies del género *Crataegus* entran dentro de esta categoría, así como la mayoría de abedules y pinos.

Condiciones del suelo

Al igual que el resto de plantas, los árboles difieren en cuanto a sus requisitos edáficos y, por lo general, su éxito se ve limitado en mayor medida por las distintas condiciones adversas que por sus requisitos. Así, por ejemplo, cuando se afirma que una planta concreta requiere suelos ácidos, sería más preciso decir que no tolera los suelos alcalinos.

La expresión «tipo de suelo» se emplea de una forma bastante amplia y hace referencia a las proporciones de arena y de arcilla que éste contiene, hecho que influye, en gran medida, en su capacidad de retención de agua, en su drenaje y en su fertilidad. Algunos árboles, como los pinos y los abedules, prosperan en las condiciones relativamente pobres y áridas propias de los suelos arenosos y muy drenados. Otros, como *Stewartia*, son más exigentes y necesitan un suelo limoso y húmedo, aunque adecuadamente drenado. Los suelos que permanecen constantemente húmedos o están sujetos a anegamientos periódicos, en especial durante la época de crecimiento, requieren especies muy especializadas. Los sauces y los alisos son algunos de los árboles más conocidos que resultan ideales para este tipo de suelos, aunque también resultan adecuados otros como *Betula pendula* y *Sorbus aucuparia*.

El pH de un suelo constituye el índice de su acidez o su alcalinidad. La escala oscila del 1 al 14, en la que 7 corresponde al pH neutro, y los valores inferiores y superiores a éste son respectivamente los ácidos y los alcalinos. Por lo general, los suelos alcalinos tienden a ser más fértiles, aunque a niveles hasta cierto punto elevados (superiores a 7,5) los nutrientes dejan de ser fácilmente obtenibles para muchas plantas. Ésta es la razón por la cual la tolerancia a un pH elevado constituye un factor importante a la hora de determinar si una planta resulta adecuada en un suelo calizo. Los suelos ácidos tienden a ser más pobres, ya que los nutrientes se disuelven fácilmente y se pierden por escorrentía. En la práctica, los suelos alcalinos imponen una mayor restricción a la hora de elegir especies que los suelos ácidos. No obstante, numerosas especies prosperan en condiciones alcalinas severas y los árboles son, a menudo, más tolerantes de lo que suele pensarse. La solución para cultivar un árbol cuando el suelo del jardín resulta totalmente inadecuado consiste en plantarlo en un recipiente con el compost que más se adecue a sus necesidades (*véase* Plantar árboles, pág. 16).

Algunos árboles consiguen desarrollarse en casi todos los tipos de suelo y constituyen una opción adecuada cuando las condiciones edáficas no son las ideales.

Plagas y enfermedades

Los árboles sufren muchas enfermedades y plagas, por lo que sería necesaria una obra especializada para proporcio-

Los árboles son muy variables en cuanto a los requisitos y a la tolerancia a los distintos suelos. Algunos, como las especies del género Rhus *(inferior izquierda), prosperan en casi todos los suelos, incluidos los demasiado secos para especies más exigentes, tales como* Ilex aquifolium *(inferior derecha).*

nar a este tema el tratamiento que merece. No obstante, la mayoría son esporádicas en cuanto a distribución e infestación, de modo que no es imprescindible tenerlas en cuenta a la hora de elegir los árboles para un jardín. Otras, en cambio, pueden ser comunes y graves y, una vez establecidas en un jardín, pueden influir en la elección de especies más resistentes.

Tan sólo unas pocas enfermedades son lo suficientemente graves y comunes como para hacer que ciertos árboles se consideren especies totalmente inapropiadas para algunas zonas. Un ejemplo obvio es el fuego bacteriano, una enfermedad que afecta a los géneros de la familia de las rosáceas, que comprende frutales emparentados con el manzano, entre ellos *Pyrus, Sorbus, Crataegus* y algunos *Malus*. Además de resultar muy nociva para los árboles y arbustos ornamentales, se trata de una enfermedad con consecuencias comerciales en las zonas de cultivo intensivo de frutales. Siempre que se elijan plantas sensibles a enfermedades como el fuego bacteriano, se deberá recurrir a los consejos de los técnicos agrícolas locales para saber si su cultivo es apropiado para la localidad donde vayan a plantarse.

Plantas invasoras

Entre los numerosos factores que deben considerarse cuando se eligen árboles, el peligro de que se extiendan más allá del jardín mediante semillas o chupones y se conviertan en «malas hierbas» invasoras es uno de los más importantes. Existen bastantes casos perfectamente documentados de plantas y animales que se han convertido en plagas muy graves en algunas zonas o regiones. El acebo europeo, *Ilex aquifolium*, prospera en las condiciones frescas y húmedas que imperan en el noroeste de EE.UU., de modo que se ha extendido por los bosques de esta región a expensas de la vegetación autóctona. Los departamentos gubernamentales de agricultura y de medio ambiente redactan listas de especies potencialmente invasoras, que es necesario consultar antes de plantar ejemplares que tengan la tendencia o incluso la posibilidad de expandirse como invasoras.

Salud y seguridad

Algunos árboles tienen hojas, frutos o semillas tóxicos, mientras que otros poseen espinas. Siempre que los árboles se vayan a plantar próximos a las zonas de uso público o frecuentadas por niños deberán tenerse en cuenta estos factores e incluso será necesario descartar algunas especies.

Aunque son muy apreciadas por la belleza de sus
espectaculares bayas, la mayoría de las especies
y variedades del género Sorbus *(izquierda) son propensas*
al fuego bacteriano.

Encontrar y elegir árboles

Tras elaborar una lista con los árboles apropiados, se puede empezar la tarea de buscar las jardinerías y elegir las mejores plantas. Muchas de las especies y cultivares más comunes son relativamente fáciles de encontrar en los centros de jardinería. En el caso de otras especies, será necesario recurrir a un vivero de árboles más especializado. Si no existe ninguno en la zona, se deberá recurrir al pedido postal. Hace unos años, este método para obtener plantas tenía mala reputación, aunque gracias a las importantes mejoras en los métodos de empaquetado y los breves tiempos de entrega se ha convertido en un sistema ideal para conseguir plantas poco usuales. Internet ha incrementado todavía más el potencial de las ventas por correo, de modo que, en la actualidad, ya es posible hallar casi cualquier tipo de planta cultivable. Por otro lado, muchos sitios de Internet incluyen fotografías y un gran número de informaciones útiles sobre el tamaño, los requisitos de cultivo y los cuidados de las plantas. El único inconveniente en la adquisición de plantas por correo es que no pueden examinarse antes de la compra y, aunque siempre es posible la devolución, exige mucho tiempo y es bastante inoportuna.

Independientemente del método de adquisición de las plantas, el proceso de elección no concluye con la especie elegida. Las plantas pueden adquirirse en maceta o sin ella y en una gran variedad de tamaños. Sin embargo, lo verdaderamente importante radica en seleccionar plantas perfectamente desarrolladas y sanas. Casi siempre, constituye un error adquirir plantas de aspecto enfermizo con la esperanza de que «se recuperarán» una vez plantadas, ya que en muy raras ocasiones lo hacen.

Elegir plantas sanas

Puesto que la mayoría de las plantas que se comercializan en los centros de jardinería modernos se encuentran en perfecto estado, quizás sería preferible describir este proceso como el rechazo de aquellas plantas que parezcan enfermizas. La mayoría de los síntomas se hacen bastante patentes, mientras que otros requieren un cuidadoso examen para poder descubrirlos.

• Las plantas adecuadamente cultivadas y «de buena calidad» poseen un aspecto general de bienestar, así como etiquetas que indican de qué tipo de planta se trata

• Las hojas constituyen un perfecto indicador de la salud de una planta, de modo que deberán tener la coloración correcta sin signos de daños causados por insectos

• Los enveses de las hojas son especialmente importantes, ya que a menudo ocultan pulgones y cochinillas

• El amarilleo de las hojas o un tamaño de hoja excesivamente pequeño constituye un signo evidente de mala salud, así como la pérdida prematura de hojas

• Las macetas deberán ser del tamaño apropiado y las plantas estarán bien regadas

• Las plantas de gran tamaño que han permanecido demasiado tiempo en una pequeña maceta corren el riesgo de que sus raíces ya no puedan extenderse al plantarse en la tierra. Una masa de raíces que sobresale de los agujeros de drenaje, situados en el fondo de la maceta, constituye otro indicador de este posible problema

• Un denso recubrimiento de malas hierbas en la superficie del compost constituye una muestra de que la planta ha estado más tiempo del necesario en la maceta

• La planta que se halla en una maceta demasiado grande en muchas ocasiones puede ser difícil de trasplantar sin que ello afecte negativamente a las raíces, ya que suele haberse plantado en esa maceta recientemente

• El crecimiento es un requisito esencial para la buena salud de la planta, de modo que la extensión de los brotes terminales puede constituir un perfecto indicador. Un espaciado uniforme y ordenado entre los nudos de crecimiento de los años sucesivos suele ser un rasgo fácil de ver y un signo seguro de que se trata de una planta vigorosa

• Los troncos y ramas no deben mostrar abrasiones o roturas. Los daños poco importantes en las ramillas pueden remediarse con la poda; sin embargo, las heridas en la corteza o en los troncos principales pueden conllevar enfermedades y descomposición

• Las plantas con los troncos principales muy bifurcados o sin una guía central clara deberán descartarse.

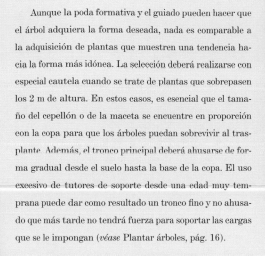

Cuando se trata de adquirir plantas, no hay nada como elegir las que gozan de buena salud. Aunque en la mayoría de los árboles las hojas deben ser verdes y sin marcas, otros como Acer palmatum *«Sango kaku» se eligen por la coloración y el dibujo de sus hojas.*

Aunque la poda formativa y el guiado pueden hacer que el árbol adquiera la forma deseada, nada es comparable a la adquisición de plantas que muestren una tendencia hacia la forma más idónea. La selección deberá realizarse con especial cautela cuando se trate de plantas que sobrepasen los 2 m de altura. En estos casos, es esencial que el tamaño del cepellón o de la maceta se encuentre en proporción con la copa para que los árboles puedan sobrevivir al trasplante. Además, el tronco principal deberá ahusarse de forma gradual desde el suelo hasta la base de la copa. El uso excesivo de tutores de soporte desde una edad muy temprana puede dar como resultado un tronco fino y no ahusado que más tarde no tendrá fuerza para soportar las cargas que se le impongan (*véase* Plantar árboles, pág. 16).

¿A raíz desnuda o en una maceta?

Los árboles a raíz desnuda son los que se cultivan en plena tierra y se desarraigan poco antes de la venta. Las raíces son delicadas y muy sensibles, tanto a los daños físicos como a la falta de humedad, de modo que para que más tarde estos árboles puedan desarrollarse con éxito es necesario que sea un experto quien realice la manipulación y el empaquetado. Por esta razón no es frecuente el uso de árboles a raíz desnuda en entornos domésticos.

Mucho más comunes que los árboles a raíz desnuda son los que se comercializan con el cepellón. Al igual que aquéllos, los árboles con cepellón se cultivan en la tierra, aunque, en este caso, después de desarraigarlos, las raíces se envuelven junto con cierta cantidad de la tierra circundante en un cortadillo o una tela de saco natural o sintética para que actúe como protección. Aunque pueden conservarse en este estado durante cierto tiempo en la estación de reposo vegetativo, es necesario asegurarse de que las raíces no estarán expuestas a las heladas o al calor y que se mantendrán siempre húmedas. La presentación en cepellón es especialmente común en los árboles «estándar» o algo crecidos.

La mayoría de las plantas que se comercializan para el uso general en jardines se ha cultivado en macetas. La gran ventaja de esta presentación radica en que permite su trasplante de la maceta al suelo con mínimas consecuencias en las raíces. Además de sufrir escasos daños, si se tiene cuidado, la planta cultivada en macetas puede plantarse en cualquier época del año. Además, esta presentación permite adquirir plantas mucho antes de plantarlas y mantenerlas en las macetas hasta el momento en que se necesite trasplantarlas. El único inconveniente de las plantas cultivadas en una maceta radica en la ocasional reticencia que sus raíces muestran a extenderse desde la comodidad de su medio de cultivo original hasta el suelo circundante. Este problema aparece en los suelos pobres o compactados,

Se debe elegir un árbol que posea el tamaño adecuado para el lugar al que vaya destinado. Nyssa sinensis *(superior) constituye una opción más adecuada para un jardín de reducidas dimensiones que* N. sylvatica, *de mayor tamaño.*

una situación que puede mejorarse notablemente durante la plantación.

Tamaño

Es importante que la planta seleccionada posea el tamaño apropiado. Las plantas grandes pueden parecer prometedoras, aunque a menudo crecen con lentitud (si es que lo hacen) después de su plantación hasta que sus sistemas radiculares llegan al mismo nivel de desarrollo que sus grandes copas. Estas plantas deberán guiarse con mucho esmero para evitar que el viento las derribe. Las plantas de tamaño muy reducido, por otra parte, aunque son más económicas pueden ser sensibles a los daños causados por las heladas o quedar ocultas por la vegetación circundante.

Por lo general, lo mejor es escoger plantas de tamaño intermedio, lo suficientemente pequeñas para no necesitar tutores y con una adecuada proporción entre raíces y copa. Algunas especies, como *Nyssa sinensis*, se van tornando más difíciles de trasplantar a medida que van creciendo, de modo que sólo deben adquirirse cuando son jóvenes.

Nombres y etiquetado

La clasificación de las plantas constituye un tema complicado y sujeto a debate, hecho que se hace patente en las frecuentes confusiones que se crean con los nombres de los árboles. La horticultura comercial responde a menudo con lentitud a los cambios taxonómicos; de ahí que los nombres que aparecen en las etiquetas no siempre se correspondan con los nombres científicos o botánicos que se indican en los libros. Siempre que exista ambigüedad, deberá verificar a conciencia si la planta se corresponde con lo que cree que es.

La belleza de los rasgos atractivos, como esta corteza, puede realzarse mediante una cuidadosa ubicación de los árboles delante de un fondo de perennifolias y mediante su plantación en grupos.

Plantar árboles

Siempre que se sigan ciertas reglas simples, la plantación de árboles no constituirá una tarea complicada. Resulta tan importante saber cómo se debe plantar como dónde se tiene que plantar y, lo que es más importante, dónde no debe plantarse.

Dónde se debe plantar

Aunque el diseño de jardines y la ubicación correcta de las plantas constituyen temas excesivamente amplios y complejos para esta obra, existen ciertas consideraciones simples que deben tenerse en cuenta antes de encontrar el emplazamiento de los árboles. Los árboles de reducido tamaño rara vez tienen una presencia lo suficientemente llamativa como para erigirse por sí solos en unos ejemplares aislados que causen cierto impacto. Muy a menudo se complementan unos con otros y suavizan los contornos de los elementos artificiales, tales como caminos y edificios. Los árboles de reducido tamaño poseen un enorme potencial para disimular los objetos de escasa estética, aunque como contrapartida se debe elegir muy bien su emplazamiento para asegurarse de que no ocultarán las vistas atractivas ni llenarán valiosos espacios abiertos en el jardín.

Desde el punto de vista práctico, existen ciertos factores que deben considerarse cuando se planta en espacios reducidos o próximos a casas:

• El tamaño final del árbol y cómo afectará al entorno es de vital importancia. Un árbol que se ha plantado muy próximo a una casa puede transmitir una sensación claustrofóbica, además de impedir el paso de la luz solar

• Las raíces pueden causar daños en las tuberías de agua

• Las hojas caídas pueden obstruir los desagües y los canalones o goteras

• La eficiencia con la que los árboles extraen el agua del suelo es de especial importancia; además, las raíces se extienden mucho más allá de lo que se cree comúnmente, de modo que incluso árboles de modestas dimensiones pueden causar trastornos en el césped circundante. En los suelos con un elevado contenido en arcilla, la absorción de agua hace que la tierra se seque y que a menudo se contraiga, con el consiguiente riesgo de hundimiento de los cimientos de la casa o de los caminos y avenidas

Este último aspecto es un tema complejo y no existen reglas definitivas sobre a qué distancia de las casas se deben plantar los árboles. Todo depende del solar y del caso concreto.

Una posibilidad que los propietarios de pequeños jardines a menudo no advierten es la de plantar árboles en macetas y otros contenedores. Además de proporcionar la oportunidad de cultivar especies no apropiadas para las condiciones de suelo locales, el uso de macetas puede permitir el cultivo de árboles en espacios muy reducidos. El único inconveniente de las plantas que se hallan en macetas radica en la atención adicional que requieren. Estas plantas deberán considerarse como «mascotas» que requieren una fertilización y un riego a intervalos regulares, así como un vecino o un familiar amable que las riegue si uno se ausenta de casa durante un período de calor y sequía.

Cómo se tiene que plantar

Incluso antes de plantar un árbol, es necesario asegurarse de que las raíces permanecerán siempre húmedas. Las plantas con el cepellón son especialmente sensibles a la falta de humedad, de modo que deberán mantenerse a la sombra y con un abundante riego hasta su plantación. La preparación del terreno dependerá de las condiciones del suelo.

1 *Elimine la vegetación existente y, en especial, el césped, ya que puede competir con el árbol.*

2 *Un suelo húmedo y adecuadamente drenado necesita una escasa preparación, de modo que será suficiente con excavar un agujero algo mayor de lo necesario para acomodar las raíces de la planta.*

3 *En los suelos no tan fértiles, será necesario excavar un agujero al menos dos veces mayor que la anchura y la profundidad de las raíces para mejorar las condiciones de la tierra que rodea las raíces de la joven planta.*

4 *En los suelos húmedos, puede ser conveniente mezclar arena o cascajo con la tierra de relleno para mejorar el drenaje.*

5 *En los suelos rocosos o excesivamente compactados, es muy conveniente mullir el suelo en torno a las raíces hasta cierta distancia para ayudar a que penetre el agua.*

6 *En los suelos arenosos y muy bien drenados, pueden añadirse materia orgánica, tal como compost descompuesto o mantillo de hojas, para mejorar la retención de nutrientes y agua.*

Aunque estas medidas contribuyen a un buen arraigo inicial de las plantas, sólo poseen un efecto muy localizado y no deben considerarse suficientes para poder plantar especies que no estén adaptadas al tipo de suelo de la zona.

El trasplante desde la maceta o el cepellón a la tierra constituye un momento crítico para la planta, de modo que deberá realizarse de la forma más rápida y menos estresante posible. Antes de trasplantar, habrá que regar las plantas y esperar a que el compost se empape por completo. Las plantas cultivadas en macetas deberán extraerse con cuidado para no dañar las raíces. A continuación, pueden colocarse en el agujero antes de rellenar el espacio vacío circundante con tierra y compactarla.

A las plantas a raíz desnuda o en sacos se les retirará el recubrimiento de las raíces antes de extenderlas bien dentro del agujero. Cuando se compacte la tierra de relleno, habrá que tener especial cuidado en no dañar las vulnerables raíces.

Sea cual sea, es muy importante que el nivel final del suelo en la base del tronco sea el mismo que el original. Este nivel suele ser fácil de detectar gracias a la presencia de una línea perfectamente visible que marca la unión de las raíces con el tronco.

Siempre que los tutores sean necesarios para conferir estabilidad, deberán clavarse en la base del hueco antes de la plantación. A continuación, el árbol puede colocarse junto a ellos y atarse de forma bastante suelta con mimbre, cinta de plástico u otro material de fijación después de rellenarlo con tierra. En las plantas de gran tamaño cultivadas en macetas, donde esta disposición podría dañar las raíces, es preferible usar un tutor doble con un travesaño.

Independientemente del método empleado, para favorecer el fortalecimiento del tronco resulta especialmente importante que las ligaduras se realicen a escasa altura para permitir una mayor flexibilidad. Además, estas ligaduras se deberán realizar de tal forma que el tronco quede separado de todos los tutores para evitar que existan roces.

Cuándo hay que plantar

Por lo general, el momento más adecuado para plantar árboles se sitúa durante la estación de reposo vegetativo. No obstante, las plantas cultivadas en macetas pueden plantarse en cualquier momento siempre y cuando se rieguen bien. Las perennifolias tienen más tendencia a perder agua durante el reposo vegetativo que las caducifolias, de modo que lo ideal sería plantarlas a finales de otoño o a principios de primavera, momento en que las raíces permanecen activas y pueden absorber agua.

Cuidados posteriores

Riego

El requisito más importante de los árboles jóvenes radica, con diferencia, en un riego suficiente. El primer riego deberá realizarse justo después de su plantación. El suelo se deberá empapar por completo para ayudar a que se cierren todas las bolsas de aire que hayan quedado después de compactar la tierra. Durante las primeras 2 o 3 estaciones de crecimiento será necesario prestar gran atención a los árboles jóvenes, en especial durante los períodos de sequía y en los suelos no demasiado drenados. Siempre que el riego sea necesario, deberá ser abundante para asegurar la penetración del agua hasta las raíces más profundas. Una vez establecidos en el terreno, los árboles rara vez necesitan riego excepto en los veranos de sequía.

Control de las malas hierbas

La competición con las plantas herbáceas constituye una causa común de estrés hídrico en los árboles jóvenes, incluso en suelos relativamente húmedos, y se convierte en un verdadero problema con el césped. Para reducir la pérdida de humedad superficial y la necesidad de riego será necesario mantener libre de malas hierbas un círculo de 1 m de diámetro como mínimo y cubrirlo con un «empajado», constituido a base de un material orgánico, tal como corteza triturada o mantillo de hojas, o bien con una tela sintética porosa fabricada especialmente para este fin. La tela sintética resulta particularmente eficaz cuando las malas hierbas crecen con fuerza; además, puede cubrirse con un material orgánico para mejorar la estética. Al colocar la tela porosa, se debe tener especial cuidado en dejar bastante espacio en torno al tronco para que éste pueda crecer. Los mantillos orgánicos deben situarse a 5 cm de profundidad como mínimo y dejar una separación de 10 cm en torno a la base para evitar el riesgo de infestación por plagas. Si se com-

paran con las telas sintéticas, los mantillos orgánicos tienen la ventaja de que mejoran la fertilidad del suelo y reducen la compactación excesiva en lugares donde el paso de personas constituye un problema.

Fertilización

Siempre que se elijan los árboles adecuados, la fertilización rara vez es necesaria, a excepción de una aplicación ocasional de mantillo orgánico para conservar la fertilidad del suelo. Las plantas en macetas deben abonarse con un fertilizante de liberación lenta durante la estación de crecimiento.

Mantenimiento de los tutores

La aplicación errónea de los tutores y su escaso mantenimiento constituyen una de las causas más comunes de daños a los árboles jóvenes. Los tutores deben retirarse tan pronto como las raíces se hayan desarrollado lo suficiente para anclar el árbol sin necesidad de ayuda. El tiempo necesario depende del tamaño del árbol, así como de su grado de exposición, de modo que los árboles situados en emplazamientos dominados por el viento necesitan el soporte durante mucho más tiempo que los que se hallan en lugares resguardados. Mientras tanto, los tutores y las ataduras deberán inspeccionarse con regularidad para asegurarse de que no existe abrasión y de que estas últimas no se encuentren apretadas.

Poda

El objetivo principal de la poda de los árboles ornamentales consiste en crear un ejemplar con una estructura robusta y una forma atractiva. Por otro lado, la poda puede resultar útil para controlar la propagación de una enfermedad o para favorecer la floración o un follaje atractivo.

Por lo general, los árboles de jardín requieren menos podas que los arbustos de flor. La poda drástica para reducir el tamaño de un árbol que ha crecido excesivamente suele constituir un signo de que la especie no se ha elegido correctamente y debería evitarse en la medida de lo posible.

Elementos básicos

La regla más importante radica en empezar a podar cuando el árbol es joven. Además de acabar con los posibles problemas, las podas tempranas tienen la ventaja de dejar pequeñas heridas que se curan con rapidez, lo que reduce el riesgo de que se produzcan enfermedades. Los cortes de la poda deberán realizarse en los puntos donde se causen los mínimos daños posibles, y se procederá a aclarar las ramas para reducir el riesgo de que la corteza se desgarre.

El mejor momento del año para podar los árboles varía de unas especies a otras. La mayoría de las especies caducifolias se podan en invierno o en verano para evitar los períodos de primavera y otoño cuando aparecen y se secan las hojas respectivamente. Las perennifolias, y, sobre todo, las especies menos rústicas que se cultivan en las zonas templadas o frías deben podarse una vez pasado el peligro de las heladas primaverales. Ciertas especies tienen un período de poda muy específico. Los cerezos, por ejemplo, deben podarse a mediados de verano, cuando las infecciones de moniliosis o la enfermedad del plomo son menos frecuentes.

Para realizar correctamente las podas, resulta muy conveniente usar herramientas de buena calidad. Las tijeras de podar de una mano son apropiadas para las ramas que no se encuentren a más de 1,25 cm; para ramas más altas pueden usarse las tijeras de podar de dos manos, aunque para alturas superiores se aconseja emplear sierras y serruchos de podar.

Seleccione la guía más fuerte y estimule su crecimiento mediante la poda de otras ramas que compitan hasta llegar al tronco principal.

Acorte los vigorosos brotes inferiores y pódelos hasta que queden por debajo de la guía seleccionada.

Parte superior (por encima de la altura media): pode las ramas muertas o que se crucen, hasta llegar al tronco principal.

Parte media (debajo de la altura media y encima de la parte inferior): pode las ramas laterales hasta la mitad de su longitud.

Parte inferior (cuarto inferior): pode las ramas laterales hasta el tronco principal.

Cuando el árbol joven vaya creciendo, vaya eliminando las ramas muertas o las que compitan con la guía.

Extienda la parte media de la copa y acorte las ramas laterales hasta la nueva altura media.

Pode hasta el tronco principal las ramas laterales que había acortado previamente y que ahora se encuentran en la parte inferior de la copa.

Continúe podando las ramas muertas o que se cruzan en la parte superior de la copa.

Pode las ramas laterales restantes que había acortado previamente hasta obtener un tronco despejado.

Podar para favorecer el desarrollo de una guía dominante

La eliminación temprana del más débil de los dos tallos codominantes favorecerá una forma más erecta, al mismo tiempo que reducirá el riesgo de que se desarrolle una horcadura débil.

Podar para obtener un tronco despejado

Cuando el objetivo radica en la obtención de un tronco despejado, con la poda por etapas se pueden ir eliminando progresivamente las ramas, desde la parte inferior hacia la superior.

Podar para evitar la reversión (derecha)

En algunas ocasiones, las variedades cultivadas seleccionadas por sus características inusuales tienden a «revertir» produciendo ramas o follaje con una forma más normal. Los árboles de hábito llorón constituyen un perfecto ejemplo de ello, al igual que algunas de las variedades cultivadas de hojas variegadas. Cuando se produce la reversión, las ramas discordantes deben podarse con rapidez para contrarrestar esta tendencia.

Podar por la aparición de una enfermedad

La propagación de algunas enfermedades puede controlarse mediante la eliminación de las ramas infectadas. El fuego bacteriano constituye un ejemplo de una enfermedad en la que, si se llega a tiempo, las áreas infectadas pueden podarse hasta la madera sana y, a continuación, quemar los restos de la poda. Las herramientas deberán esterilizarse entre un corte y otro para evitar la propagación de la enfermedad.

Podar para eliminar las ramas cruzadas y la madera muerta

Los roces entre ramas se traducen en daños en la corteza, que pueden conllevar enfermedades o descomposición. Estas ramas deberán podarse hasta una rama lateral para no dejar tocones. Asimismo, la madera muerta puede eliminarse por razones estéticas.

Directorio de árboles

El siguiente directorio de pequeños árboles se ha ordenado alfabéticamente.
Además de 80 árboles destacados, incluye otras especies emparentadas
con el fin de ofrecer un número más amplio. En la descripción de cada uno
de los árboles, la atención se centra en las características particulares que
merecen tenerse en cuenta en el caso de los pequeños jardines. La ficha
descriptiva con diferentes especificaciones resulta útil para verificar con
rapidez tanto el tamaño del árbol como los requisitos de cultivo.

Acer davidii
Arce del padre David

Cat.: *Auró*

Eusk.: *Astigar*

Aceraceae

L a corteza de color verde lustroso y muy grabada de este pequeño árbol originario de China es característica del grupo de los arces «de corteza de serpiente». Otro rasgo notable son sus hojas brillantes que se tornan anaranjadas y amarillentas en otoño y que, a menudo, están acompañadas de frutos alados de colores igualmente vivos. Aunque su forma y altura son variables, suele alcanzar los 10 m y posee una copa ancha y abierta. Puede tener uno o varios troncos, en cuyo caso su atractiva corteza se hace más patente. Para sacar el máximo partido, conviene limpiar el polvo y las algas que se hayan depositado en ella, con lo que se potencia su hermoso brillo.

Aunque se desarrolla adecuadamente en distintos tipos de suelo, donde mejor prospera es en los suelos limosos profundos y bien drenados, que oscilan desde ácidos hasta moderadamente alcalinos. Aunque se trata de un árbol resistente al frío, conviene cultivarlo en un lugar al resguardo.

Otros árboles

La forma más habitual en cultivo es «George Forrest». Tiende a extenderse y las hojas en otoño se tornan anaranjadas y

rojizas. La menos común, «Ernest Wilson», posee una forma más compacta y las hojas muestran un color otoñal más atractivo. «Serpentine» es una variedad de cultivo que se caracteriza por su corteza particularmente ornamental. El árbol estrechamente emparentado y, a menudo conocido como *Acer grosseri*, se considera en la actualidad una subespecie de *A. davidii*. Su corteza, de color verde grisáceo, con un fino dibujo a base de vetas blancas, es particularmente llamativa. También se conoce como *A. grosseri* var. *hersii* o *A. hersii*, aunque algunas fuentes la consideran una forma distinta y perfectamente diferenciada de la especie.

Acer davidii «Ernest Wilson» (superior) posee unas pequeñas hojas de color verde oscuro que suelen carecer de los lóbulos propios de otras formas de esta especie. Los árboles maduros producen abundantes ristras de pequeños frutos alados.

ficha descriptiva	
altura	hasta unos 10 m
rusticidad	zonas 5-7
exposición	sombra parcial (preferible) o pleno sol
tipo de suelo	fértil, adecuadamente drenado
pH del suelo	de ácido a moderadamente alcalino
país de origen	China central

La corteza de la cultivar «Serpentine» se caracteriza por unas rayas blancas y resulta particularmente llamativa en los árboles de múltiples troncos.

Al igual que muchos arces, las flores de color amarillo pálido (izquierda) poseen una delicada belleza y merecen un concienzudo examen. Se disponen en racimos en péndulo de unos 8 cm de longitud.

Acer davidii ssp. grosseri (derecha) constituye una subespecie común en Europa, aunque bastante ocasional en España. Los hermosos ejemplares tienen a menudo varios troncos y ramas bajas y extendidas.

Las hojas de dientes despuntados tienen un color verde oscuro en el haz y son más pálidas y peludas en el envés. Se componen de 3 foliolos que adquieren un atractivo color otoñal. Los frutos poseen alas anchas y de color verde amarillento.

Acer griseum
Arce chino gris

Cat.: *Auró*

Eusk.: *Astigar*

Aceraceae

ficha descriptiva

altura	hasta unos 12 m
rusticidad	zonas 4-8
exposición	de pleno sol a sombra parcial
tipo de suelo	húmedo, adecuadamente drenado
pH del suelo	suelos no calizos
país de origen	China central

La corteza es de color rojo herrumbroso y se exfolia en finas escamas papiráceas incluso en los árboles jóvenes.

Con su atractiva corteza que se exfolia en escamas papiráceas y su magnífico color otoñal, se considera, indudablemente, uno de los arces más hermosos y reconocibles. Es originario de China, aunque se ha convertido en una especie muy apreciada en Norteamérica y Europa. Aunque por su forma ordenada y compacta se trata de un árbol de jardín que resulta ideal, puede alcanzar fácilmente unos 12 m de altura y una anchura similar, lo que desaconseja su plantación en jardines de muy reducido tamaño. Las flores, a pesar de ser poco vistosas, originan unos atractivos frutos alados «en aspa de helicóptero», típicos del género, y en otoño sus hojas, que no parecen de arce, adquieren toda una gama de colores que oscila desde el rojo al anaranjado.

Se trata de un árbol de fácil cultivo que se ha adaptado bien a los climas fríos y que no requiere podas especiales ni otros cuidados particulares. Tolera la mayoría de los suelos con un drenaje adecuado, tanto ácidos como alcalinos, aunque no se desarrolla bien en suelos poco profundos sobre caliza. Incluso los árboles jóvenes bastante crecidos pueden trasplantarse con éxito, aunque lo mejor son las plantas más pequeñas. Su cultivo en los viveros de España es difícil. También puede cultivarse a partir de semillas, pero la proporción de plántulas viables suele ser muy reducida.

Otros árboles

Frente a otras especies de arces, *Acer griseum* no tiene variedades silvestres ni cultivadas. Para quienes busquen un árbol similar aunque inusual, *Acer triflorum* es un pariente de esta especie, aunque su tamaño es más pequeño y tiene una corteza de color grisáceo parduzco que se desprende en tiras verticales. *A. triflorum* muestra un excelente color otoñal y puede obtenerse en Europa en viveros especializados.

Las nuevas hojas y flores de Acer triflorum (izquierda) aparecen más o menos por la misma época; las flores están dispuestas en grupos de tres.

La especie estrechamente emparentada Acer triflorum (superior derecha) posee una forma similar a A. griseum y constituye una interesante alternativa para quienes buscan algo diferente.

La combinación de características propias del arce chino gris cultivado como ejemplar de césped (derecha) resulta de interés durante todo el año, al mismo tiempo que se convierte en un intenso foco visual.

Acer japonicum
Arce afelpado japonés

Cat.: *Auró*

Eusk.: *Astigar*

Aceraceae

Las hojas de «Vitifolium» (superior) son un poco mayores que las de la especie. Tienden a colorearse más pronto que otras formas y ofrecen un espectacular y duradero color rojo intenso.

ficha descriptiva	
altura	hasta unos 10 m
rusticidad	zonas 5-7
exposición	sombra parcial (preferible) o pleno sol
tipo de suelo	húmedo, adecuadamente drenado
pH del suelo	de ácido a neutro
país de origen	Japón

Aunque es similar en muchos aspectos al arce japonés palmeado, *Acer palmatum*, este pariente próximo se distingue por sus hojas redondeadas con lóbulos menos marcados. Suele adquirir el porte de un pequeño árbol y, si dispone de espacio suficiente, puede extenderse hacia fuera con ramas largas y horizontales que, en algunas ocasiones, se apoyan en el suelo. Sus pequeñas flores aparecen en primavera y, aunque a menudo pasan inadvertidas, poseen una delicada belleza, típica de los arces. A las flores les siguen unos frutos que cuelgan a pares y que son vistosos, con sus alas verdes teñidas de rojo. Además, el principal atractivo de este árbol reside en sus hojas, que adquieren unas magníficas tonalidades rojizas y anaranjadas en otoño.

A pesar de su rusticidad, en regiones con inviernos particularmente fríos, este árbol se desarrolla mejor en lugares al resguardo de los gélidos vientos. Resulta especialmente apropiado como planta de sotobosque a la sombra parcial de ár-

Las hojas (inferior) son redondeadas y poseen de 7 a 11 lóbulos. Acer japonicum (derecha) es, a menudo, uno de los primeros arces que adquieren colores otoñales, en contraposición con las hojas de coloración otoñal más tardía de Acer palmatum y sus variedades de cultivo.

A. japonicum suele desarrollarse con un gran número de ramas que forman un árbol ancho y amplio (derecha).

boles de mayor tamaño, y prefiere los suelos húmedos y con un drenaje adecuado.

Otros árboles

A pesar de su popularidad y de que se cultiva desde hace mucho tiempo, se han obtenido muchas menos variedades de cultivo de este arce que de *A. palmatum*. Dos de ellas, sin embargo, merecen mencionarse: «Vitifolium», cuyas hojas poseen una forma similar a las de la especie, aunque adquieren un tono rojizo intenso en otoño, y «Aconitifolium», cuyas hojas están profundamente recortadas hacia la base en lóbulos dentados y estrechos. *A. shirasawanum* es una especie estrechamente emparentada, conocida, sobre todo, por su variedad de cultivo «Aureum», una planta de crecimiento lento con hojas de un brillante color verde dorado.

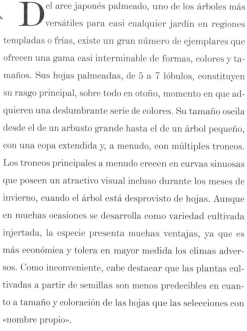

Acer palmatum
Arce japonés palmeado

Cat.: *Auró*

Eusk.: *Astigar*

Aceraceae

Las hojas de «Katsura» (superior) se encuentran profundamente divididas y son famosas por su color primaveral. Posteriormente, van cambiando del color verde amarillento al anaranjado. «Osakazuki» (inferior) es una de las variedades de cultivo más conocidas.

D el arce japonés palmeado, uno de los árboles más versátiles para casi cualquier jardín en regiones templadas o frías, existe un gran número de ejemplares que ofrecen una gama casi interminable de formas, colores y tamaños. Sus hojas palmeadas, de 5 a 7 lóbulos, constituyen su rasgo principal, sobre todo en otoño, momento en que adquieren una deslumbrante serie de colores. Su tamaño oscila desde el de un arbusto grande hasta el de un árbol pequeño, con una copa extendida y, a menudo, con múltiples troncos. Los troncos principales a menudo crecen en curvas sinuosas que poseen un atractivo visual incluso durante los meses de invierno, cuando el árbol está desprovisto de hojas. Aunque en muchas ocasiones se desarrolla como variedad cultivada injertada, la especie presenta muchas ventajas, ya que es más económica y tolera en mayor medida los climas adversos. Como inconveniente, cabe destacar que las plantas cultivadas a partir de semillas son menos predecibles en cuanto a tamaño y coloración de las hojas que las selecciones con «nombre propio».

Las variedades cultivadas varían en gran medida en cuanto a la necesidad de sombra y protección, que depende, en gran parte, de su forma y del color de las hojas. Por lo general, las formas «Dissectum», finamente divididas, son las más delicadas y deben protegerse de la exposición directa al sol. Las formas de hojas rojas y más robustas pueden cultivarse a

ficha descriptiva	
altura	hasta unos 12 m
rusticidad	zonas 5-9
exposición	sombra parcial (preferible) o pleno sol
tipo de suelo	fértil, adecuadamente drenado
pH del suelo	de ácido a moderadamente alcalino
país de origen	Japón, China central, Corea

pleno sol en los climas templados y templados fríos. Muchas de ellas no adquieren todo su colorido en plena sombra y ninguna soporta el sol del verano en climas mediterráneos.

Todas las variedades cultivadas requieren un suelo fértil y un drenaje adecuado y, si bien toleran los suelos ligeramente alcalinos, no resultan demasiado convenientes. Si el espacio o las condiciones del suelo obligan a ello, las variedades cultivadas de menor tamaño pueden desarrollarse en macetas y ofrecer una excelente alternativa frente a las plantas que se hallan en el suelo.

Otros árboles

El cultivo y la selección de variedades cultivadas del arce japonés palmeado se remontan a más de tres siglos. Características tales como la forma de la hoja, el hábito de crecimiento y la coloración estacional se han seleccionado con esmero para producir una extensa gama de variedades cultivadas. En la actualidad es posible elegir entre más de 300 formas. Algunas de ellas se han seleccionado debido al brillo primaveral de sus hojas, mientras que otras muestran una corteza de atractiva coloración. Si se desea obtener una lista exhaustiva de las variedades cultivadas, se deberá consultar algún libro especializado en este tema.

Las formas con hojas verdes finamente divididas, como «Dissectum» (extremo izquierda) precisan la sombra parcial, incluso en zonas frías, para proteger su follaje. «Crimson Queen» (izquierda) posee unas hojas rojas y muy recortadas y puede desarrollarse a pleno sol en las zonas templadas. Forma un extenso arbusto de 3,6 m.

Entre las formas más ornamentales de A. palmatum figuran las de hojas muy recortadas, incluida «Dissectum» (superior). Esta última posee un crecimiento lento y alcanza más de 2 m de altura; además, posee un follaje finamente dividido que cae como una fuente y que en otoño adquiere un color anaranjado intenso.

Incluso en la forma típica de la especie (izquierda), el follaje de A. palmatum es de una delicada belleza que resulta perfecta para un pequeño jardín.

*«Deshojo»
(superior y extremo
inferior derecha) constituye
una de las variedades
cultivadas más llamativas en lo
que respecta al color primaveral. Sus
hojas nuevas poseen un color rosado carmín
brillante y rápidamente se tornan de un verde
pálido más tranquilizante. Alcanza los 3,6 m.*

*Aunque se conoce, sobre todo, por sus brotes coloreados, «Senkaki» también
muestra en otoño una impresionante coloración amarillenta anaranjada.*

*La variedad en el follaje es casi infinita. Las
ensortijadas hojas de «Shishigashira» (superior
izquierda) crecen agrupadas y se tornan de un
color anaranjado carmesí en otoño.*

*«Sango kaku» (superior derecha) recibe en
Inglaterra el nombre de «arce de corteza coral»
debido a sus brotes de colores brillantes.*

*Los frutos (superior) se disponen en pares y penden en racimos
de largos cabillos. Sus alas rojas hacen que sean
perfectamente visibles.*

Acer pseudoplatanus «Brilliantissimum»
Falso plátano, sicomoro
(variedad cultivada)

Cat.: *Fals plàtan*

Eusk.: *Astigar zuria*

Gall.: *Padrairo*

Aceraceae

Las hojas nuevas son lustrosas y se van desplegando gradualmente. A medida que van madurando adquieren diversas tonalidades, desde la rosada y broncínea hasta la verde amarillenta.

Las flores amarillas (superior) penden en densos racimos al mismo tiempo que las hojas nuevas.

El falso plátano es un árbol grande, únicamente apropiado para grandes jardines y parques. Sin embargo, esta variedad cultivada posee unas dimensiones más modestas. Sus hojas lobuladas se abren con una vibrante tonalidad rosada y se van decolorando gradualmente a amarillo y a verde pálido a medida que va avanzando la estación. Crece con lentitud, y se trata de un árbol compacto, con un único tronco y una copa pulcra y redondeada. Tolera bien diferentes suelos y puede cultivarse a pleno sol o sombra parcial.

Otros árboles

Otra llamativa variedad cultivada apropiada para los grandes jardines es *A. pseudoplatanus* «Worleei». En primavera, este árbol de tamaño medio adquiere unas hojas de color amarillo que se tornan doradas y, finalmente, verdes.

Nota: El falso plátano produce a intervalos regulares grandes cantidades de semillas viables y puede llegar a convertirse en invasor.

ficha descriptiva

altura	hasta unos 10 m; «Worleei», 15-20 m
rusticidad	zonas 4-10
exposición	de pleno sol a sombra parcial
tipo de suelo	cualquiera que sea fértil
pH del suelo	muy tolerante
país de origen	Europa, oeste de Asia (la especie)
observación	potencialmente invasor

Cuando contrastan con un fondo de plantas de follaje oscuro, incluso los pequeños árboles (izquierda) crean un potente foco visual.

Aesculus × neglecta
«Erythroblastos»
Falso castaño aurora
o castaño de indias

Cat.: *Castanyer d'Índies*

Eusk.: *Indagaztainondo arrunta*

Hippocastanaceae

Las hojas (superior) poseen la típica forma «con 5 dedos» de los falsos castaños y de los castaños de Indias. Cuando son nuevas, figuran entre las más hermosas y brillantes de todas las hojas de los árboles que proporcionan color en primavera.

ficha descriptiva	
altura	hasta unos 8 m
rusticidad	zonas 5-8
exposición	sombra parcial
tipo de suelo	fértil, adecuadamente drenado
pH del suelo	muy tolerante
país de origen	sureste de EE.UU. (el híbrido)
observación	crece con lentitud

Se trata de una forma cultivada a partir de un híbrido natural de las dos especies norteamericanas, *A. flava* y *A. sylvatica*. Por desgracia, apenas se conoce en algunos países, a pesar de la popularidad de que goza en Holanda, Alemania, Francia y Gran Bretaña. El árbol original se desarrolló en Berlín durante la década de 1930 y hoy se encuentra en muchas zonas del mundo. Crece con lentitud hasta alcanzar una altura rara vez superior a los 8 m y posee una copa redondeada o columnar. Las hojas nuevas son de un color rosa salmón brillante, con 5 folíolos estrechos y parcialmente abiertos. Se van decolorando hasta adquirir un color verde pálido hacia mediados de primavera, época en que coinciden con las no siempre presentes flores de color amarillo pálido. A veces, las hojas adquieren bellos colores amarillos y anaranjados.

Al igual que la mayoría de los falsos castaños americanos, tolera los suelos alcalinos, aunque donde mejor se desarrolla es en los que poseen un pH ligeramente ácido. Prefiere una sombra parcial. Aunque se trata de un árbol muy estacional, su aspecto en primavera es memorable y durante el resto del año crece sin problemas en un espacio limitado entre otros árboles.

Cuando se abren totalmente (superior), las hojas se tornan amarillas y, posteriormente, verde pálidas a principios de verano (izquierda). En el momento álgido de su color, un ejemplar maduro (derecha) se convierte en un poderoso foco de atención y aporta una insólita característica estacional.

Aesculus pavia
Pavía roja, falso castaño de flores rojas o castaño de indias

Cat.: *Castanyer bord*

Eusk.: *Indagaztainondo gorri*

Hippocastanaceae

Las flores de A. pavia «Atrosanguinea» poseen un color carmesí intenso, algo más oscuro que las de la especie y dispuestas en panículas erectas que surgen hacia primavera. Las hojas se componen de 3 foliolos dentados y se tornan rojizas en otoño.

Como muchos falsos castaños, las hojas de A. pavia adquieren color rápidamente y se acompañan de unos frutos semejantes a peras.

Un gran número de falsos castaños y castaños de Indias son demasiado grandes para la mayoría de los jardines. La forma de esta especie oscila desde la de una planta arbustiva y extendida hasta la de un árbol redondeado con una densa copa. Las flores son de color carmesí brillante y aparecen en primavera. Los frutos, de pequeño tamaño y en forma de pera, albergan una o dos semillas lustrosas. Aunque tolera una amplia gama de suelos, la pavía roja no se desarrolla en lugares áridos o expuestos al sol.

Debido a su capacidad de crecer en la sombra, resulta adecuada para los jardines que carecen de luz solar directa.

Otros árboles

La especie cultivada más conocida en Europa es «Atrosanguinea», una forma que se diferencia por sus flores más oscuras. El falso castaño de Ohio, *A. glabra*, es otra especie norteamericana muy ocasional en España. Desde muy joven produce unas flores amarillas que aparecen hacia primavera y que dan lugar a unos frutos espinosos. Sus hojas adquieren un color amarillento y anaranjado en otoño.

Cuando dispone de espacio suficiente A. Pavia (izquierda) a menudo forma un árbol de múltiples troncos con un follaje bajo y numerosas flores.

ficha descriptiva

altura	hasta unos 6 m; *A. glabra*, 10 m
rusticidad	zonas 4-9 (*A. glabra*, 3-7)
exposición	de pleno sol a sombra parcial
tipo de suelo	húmedo, adecuadamente drenado
pH del suelo	muy tolerante
país de origen	sur de EE. UU.

Alnus incana «Aurea»
Aliso gris
(variedad cultivada)

Cat.: *Vern*

Eusk.: *Haltza*

Gall.: *Ameneiro*

Betulaceae

Las hojas (superior), que alcanzan 10 cm de longitud, poseen dientes irregulares y bordes ligeramente lobulados.

La corteza es gris y permanece lisa, incluso en los árboles más antiguos.

El follaje (derecha) posee un matiz amarillento, particularmente cuando es joven. A finales de verano, esta tonalidad resulta menos pronunciada, aunque las hojas adquieren un color jaspeado verde/amarillo. Los amentos masculinos son anaranjados y penden en gran abundancia de los extremos de los brotes, desde otoño hasta bien entrado el invierno.

En las regiones europeas donde crece de forma natural, esta especie se observa a menudo a orillas de los ríos. Al ser capaz de crecer en suelos anegados y fijar el nitrógeno atmosférico, resulta muy apropiada para los lugares con un drenaje inadecuado y una deficiencia en nutrientes donde pocas especies podrían desarrollarse.

Por desgracia, se trata de un árbol de crecimiento vigoroso que puede superar los 20 m de altura y, por consiguiente, demasiado grande para la mayoría de los jardines. La variedad cultivada «Aurea» posee un tamaño mucho más reducido y raras ocasiones supera los 12 m; además, posee una copa muy ancha y cónica. Su rasgo más notable es el follaje dorado, particularmente conspicuo cuando las hojas son jóvenes. Al igual que la especie, no deja de ser interesante en invierno, así como a principios de primavera, cuando los amentos masculinos se hacen perfectamente visibles al pender de las ramas desnudas. Los amentos femeninos, de tamaño más reducido, se transforman en pequeñas «piñas» secas cuando maduran y persisten en el árbol bastante tiempo después de la caída de las diminutas semillas. Aunque en el jardín su aplicación más evidente es la de «árbol ribereño»,

A. incana «Aurea» *desarrolla una forma pulcramente cónica y contrasta a la perfección con un fondo oscuro de perennifolias.*

ficha descriptiva

altura	hasta unos 12 m
rusticidad	zonas 2-7 (*A. glutinosa*, 3-7)
exposición	pleno sol
tipo de suelo	muy tolerante
pH del suelo	muy tolerante
país de origen	Europa, Cáucaso

a orillas de un estanque, su contorno preciso y su atractivo follaje hacen que resulte apropiado en distintos lugares.

Otros árboles

«Laciniata» es una forma con hojas divididas, mientras que «Pendula» es un árbol pequeño y de porte llorón, con hojas de un color gris verdoso. El aliso común, *A. glutinosa*, también posee diversas variedades cultivadas que resultan apropiadas para los jardines. «Imperialis» posee unas hojas recortadas en estrechos lóbulos que le confieren un aspecto delicado y plumoso. La poco común «Pyramidalis» («Fastigiata») es una forma estrechamente columnar.

Las flores en forma de estrella se disponen en racimos erguidos y poseen 5 estrechos pétalos. A menudo están acompañadas por nuevas hojas que presentan una hermosa tonalidad broncínea y que, posteriormente, se tornan de color verde oscuro y finamente dentadas.

La variedad cultivada holandesa A. «Ballerina» (inferior) es popular en Gran Bretaña y otros países debido a su vigoroso crecimiento y a sus abundantes flores. A menudo forma un árbol extendido con ramas bajas, casi a nivel del suelo.

Amelanchier lamarckii
Guillomo o cornijuelo

Cat.: *Corner*

Eusk.: *Erangurbea*

Rosaceae

*A*melanchier es un pequeño género de árboles y arbustos que se cultiva, sobre todo, por sus delicadas flores primaverales, así como por el hermoso color otoñal de sus hojas. Esta especie se considera una de las mejores y es fácil de obtener y cultivar. A menudo forma un arbusto de múltiples troncos, aunque también puede adquirir el porte de arbolillo con una forma ancha y extendida. Sus flores en forma de estrella aparecen a principios de primavera, más o menos en la misma época en que se abren las hojas y, si bien su duración es efímera, su exhibición es deslumbrante. Las flores dan paso a unos frutos de pequeño tamaño, de color negro y de sabor dulce, que maduran a mediados de verano. Al igual que otros miembros del género, las hojas proporcionan colorido tanto en primavera, cuando comienzan a abrirse, como en otoño.

El guillomo es una especie muy resistente que requiere un suelo no calizo y un buen drenaje. No se desarrolla adecuadamente si las condiciones son demasiado áridas, y las plantas jóvenes, en particular, deben regarse abundantemente durante las sequías. Este árbol se desarrolla mejor en lugares abiertos, donde puede crecer y florecer libre-

ficha descriptiva	
altura	hasta unos 12 m
rusticidad	zonas 4-8
exposición	de pleno sol (preferible en regiones templadas) a sombra parcial
tipo de suelo	húmedo, adecuadamente drenado
pH del suelo	suelos sin cal
país de origen	este de Norteamérica
observación	puede verse afectado por el fuego bacteriano

mente. El fuego bacteriano puede constituir un problema en algunas zonas.

Otros árboles

Existen alrededor de 10 especies cultivadas del género *Amelanchier*. Una de ellas es la norteamericana *A. laevis*, que se considera enparentada con la variedad híbrida cultivada *A. «Ballerina»*, una selección holandesa popular en Gran Bretaña, Alemania y Holanda, que produce numerosas flores grandes de color blanco y un excelente color otoñal. En España es más común el guillomo de Canadá, *A. canadensis*, interesante por su abundante floración primaveral. Otras especies norteamericanas son *A. lamarckii*, y *A. arborea*, que es muy popular en Norteamérica.

La exhibición de colores otoñales (superior) puede resultar espectacular, con rojos y anaranjados como tonalidades dominantes.

Amelanchier lamarckii *es un árbol extremadamente versátil y, al igual que el similar* A. canadensis, *puede resultar tan estético en un entorno urbano de elaborado diseño (superior) como en otras situaciones menos formales. Si la poda formativa se realiza con esmero, se obtienen formas interesantes incluso con plantas de múltiples troncos.*

La especie norteamericana A. arborea *(superior) es popular en los jardines del noreste de EE.UU., donde produce abundantes flores y un hermoso color otoñal.*

Aralia elata
Árbol de Angélica, aralia o angélica japonesa

Cat.: *Angèlica japonesa*

Araliaceae

L as enormes hojas compuestas de esta planta alcanzan, en ocasiones, 1,2 m de longitud y le confieren una inusual apariencia de helecho arborescente. Las hojas están dispuestas en grupos, en los extremos de unas ramas gruesas y, a menudo, espinosas, que algunos aficionados consideran poco estéticas y ocultan detrás de arbustos de bajo porte. Las flores, que pueden aparecer desde mediados de verano hasta principios de otoño, se disponen en panículas blancas de aspecto espumoso, de dimensiones similares a las hojas, y pueden ir acompañadas por el color de las primeras hojas otoñales. A pesar de que suele tratarse de un árbol bastante erecto, muchas plantas tienden a crear chupones que, si no se podan, pueden dar lugar a una densa mata. Si se recogen cuando todavía son jóvenes, pueden trasplantarse con éxito.

Esta planta, de fácil cultivo y atractivo aspecto, requiere exposiciones al sol o sombra parcial, así como suelos con un drenaje adecuado, fértiles y preferentemente húmedos. Sus grandes hojas son vulnerables a los fuertes vientos.

Las impresionantes hojas figuran entre las más grandes de todos los árboles resistentes al frío. Son doblemente pinnadas, con foliolos que se dividen, a su vez, en foliolos secundarios, lo que hace que la hoja adquiera 1,2 m de longitud. En otoño adquieren diversas tonalidades anaranjadas y rojas.

La corteza está recubierta de finas espinas que, si bien constituyen una interesante característica, deberán tenerse en cuenta a la hora de plantar esta especie en zonas públicas.

Otros árboles

Existen dos variedades cultivadas perfectamente conocidas y con las hojas jaspeadas. *A. elata* «Variegata» tiene foliolos con bordes de color crema, mientras que los de «Aureomarginata» son de color amarillo en invierno, aunque posteriormente van adquiriendo una tonalidad blanca.

A. spinosa, estrechamente emparentada con *A. elata*, pero menos común en los jardines de algunos países, es originaria del sureste de EE.UU. Similar a *A. elata* en muchos aspectos, empieza a florecer desde principios de verano.

ficha descriptiva

altura	hasta unos 10 m
rusticidad	zonas 4-7
exposición	de pleno sol a sombra parcial
tipo de suelo	fértil, adecuadamente drenado
pH del suelo	moderadamente ácido o alcalino
país de origen	Japón
observación	debe estar al resguardo de los fuertes vientos

Las grandes panículas de flores blancas aparecen a partir de mediados de verano y, en ocasiones, coinciden con los primeros signos de color otoñal.

Aralia elata es un árbol adaptable, capaz de crecer a pleno sol o a la sombra de otros árboles (derecha). Su floración tardía puede resultar de gran interés en una época del año en que escasas plantas del jardín están en flor.

Arbutus unedo
Madroño

Cat.: *Arboç*

Eusk.: *Gurrbiz, garbitza*

Gall.: *Hérbedo*

Ericaceae

L a combinación de hojas perennes y tolerancia a los suelos calcáreos hace que esta especie sea también una excelente planta de jardines. Aunque en ocasiones se considera más un arbusto que un árbol, el madroño puede alcanzar los 10 m de altura y una forma ancha y amplia en las localidades apropiadas. Produce flores pequeñas, blancas y en forma de urna, y unos frutos más grandes y rojos. Éstos brotan de las flores del año anterior. Las hojas poseen un brillo lustroso que contrasta con la corteza de color marrón oscuro y de áspera textura.

Aunque tolera una amplia gama de suelos y pH, se desarrolla mejor en suelos fértiles y perfectamente drenados, preferentemente silíceos y sueltos. Asimismo, tolera muy bien la exposición al viento. Por otro lado, se trata de una planta principalmente mediterránea.

Otros árboles

Existen diversas especies cultivadas del género *Arbutus*. El madroño canario *Arbutus canariensis* es oriundo de la laurisilva canaria. Sus frutos, anaranjados, verrugosos y comestibles, al igual que los de *A. unedo*, se asemejan a mandarinas. *Arbutus* x *andrachnoides* es un híbrido natural de *A.*

Las flores blancas (superior) poseen forma de urna y aparecen en otoño en racimos cabeceantes. Las hojas son perennes, con finos dientes y de un color verde lustroso en el haz.

La hermosa corteza de A. x andrachnoides *se extiende más allá del tronco principal hasta las ramas.*

unedo con el más termófilo madroño oriental, *A. andrachne*, que tiene una estructura similar al primero y una corteza conspicua, de color rojo anaranjado y descamable en tiras. El madroño de California, *A. menziesii*, también tiene una atractiva corteza de color rojizo, pero es demasiado grande para la mayoría de los jardines.

Dos variedades cultivadas de *A. unedo* resultan de especial interés. «Elfin King», que sólo alcanza unos 2 m de altura y una extensión similar, es muy apropiado para los espacios confinados. «Rubra» tiene dimensiones normales, pero sus flores son rosadas y sus frutos más abundantes.

Las flores de A. unedo «Rubra» (derecha) son osadas. Al igual que en la especie, aparecen al mismo tiempo que los frutos o madroños, que surgen de las flores del año anterior y tienen el mismo nombre que el árbol. A. unedo (extremo derecha) forma un árbol de follaje denso, ideal para muchas ubicaciones en las que se necesite un hábito perennifolio y gran tolerancia a los distintos tipos de suelo.

ficha descriptiva

altura	hasta unos 10 m; algunas variedades cultivadas son más pequeñas
rusticidad	zonas 7-11 (*A.* x *andrachnoides*, 8-9)
exposición	de pleno sol a sombra parcial
tipo de suelo	fértil y adecuadamente drenado
pH del suelo	muy tolerante, pero prefiere suelos silíceos
país de origen	región mediterránea, franja costera atlántica hasta Paimpol (Francia) y O de Irlanda

Las hojas (superior) son pequeñas y lustrosas y cada una de ellas tiene una estípula cerca de la base. Las flores, amarillas y diminutas, crecen en las axilas foliares.

Azara microphylla
Chinchín
Flacourtiaceae

Esta hermosa perennifolia merecería que se le prestara mayor atención y se cultivara más ampliamente. Su nombre específico alude a sus diminutas hojas, dispuestas de manera ordenada a lo largo de las ramas y creando ramos en forma de abanico. Sus flores son pequeñas, pero lo suficientemente numerosas para crear una neblina general de color y desprender un aroma a vainilla. Su tamaño varía desde el de un arbusto grande y con múltiples troncos hasta el de un arbolillo con una forma bastante estrecha y erecta. El chinchín crece en la mayoría de los suelos fértiles y adecuadamente drenados y, si bien es una de las especies más rústicas del género, en las regiones templadas o frías es preferible cultivarlo en lugares al resguardo y, preferentemente, contra una pared.

El chinchín es una planta bastante rara que, en algunos países, apenas se observa, a excepción de en las colecciones botánicas, y es difícil de obtener en el comercio. Sin embargo, para quienes deseen una especie hasta cierto punto distinta de lo habitual, vale la pena intentar conseguirla, por ejemplo, en algún vivero. Asimismo, resulta interesante en paisajismo, siempre y cuando se desee una planta perennifolia de delicado follaje.

Otros árboles

«Variegata» es la única variedad cultivada que se halla habitualmente en Europa. Posee un crecimiento más lento que la especie y sus hojas tienen los bordes de color crema.

Existen diversas especies cultivadas del género *Azara*, aunque sólo *A. serrata* es relativamente fácil de obtener en viveros europeos. Sus hojas aserradas son algo mayores que las de *A. microphylla*, al igual que sus flores anaranjadas, que aparecen a mediados de verano.

ficha descriptiva

altura	hasta unos 10 m, pero, por lo general, mucho menos
rusticidad	zona 8
exposición	de pleno sol a sombra parcial
tipo de suelo	fértil, adecuadamente drenado
pH del suelo	todos, excepto los extremos
país de origen	Chile, Argentina
observación	a menudo requiere un lugar al resguardo

La variedad cultivada «Variegata» (superior e izquierda) se distingue por sus hojas con bordes irregulares de color crema. Al igual que la especie, en los lugares templados, así como en los fríos, es preferible cultivarla contra una pared y es posible guiarla para que forme una atractiva pantalla de follaje.

Betula pendula «Youngii»
Abedul común o abedul blanco

Cat.: *Bedoll*

Eusk.: *Urkhi*

Gall.: *Bidueiro, bido, biduo*

Betulaceae

Las pequeñas ramas y los brotes (superior) poseen una corteza de color marrón purpúreo que en invierno resulta muy ornamental a la luz del sol.

La corteza es lisa y de color gris pálido o blanca, con un dibujo de lenticelas horizontales. Presenta numerosas discontinuidades y pequeños trozos de corteza levantada, de carácter más áspero, que crea un interesante contraste.

El follaje cuelga hasta el mismo suelo, lo que ofrece una amplia gama de efectos visuales en un jardín donde prima el diseño.

El abedul común resulta demasiado grande para la mayoría de los jardines. Esta variedad cultivada combina la corteza blanca y la fina textura del follaje de la especie con una forma más compacta. Con el tiempo, forma un arbolillo de 10 m de altura, cuyo rasgo más notable es una ramificación péndula que cuelga hasta el suelo. Este efecto se ve potenciado por los amentos que salen con anterioridad a las flores, entre principios y mediados de primavera. Algunos años, el follaje ofrece un estupendo color otoñal y, en invierno, la copa sin hojas adquiere un matiz purpúreo.

Se trata de un árbol resistente, capaz de sobrevivir en climas extremadamente fríos y en lugares muy expuestos a los vientos. Tolera una amplia gama de suelos y de pH e incluso prospera en lugares arenosos y escasamente fértiles. Su abierta copa proporciona una ligera sombra y es ideal para proteger y conferir sombra parcial a las especies menos rústicas. Donde mejor se desarrolla es a pleno sol.

Otros árboles

El abedul común posee muchas variedades cultivadas. El grupo de los abedules de hojas recortadas, por ejemplo, alberga una serie de formas que se cultivan por este atractivo

La combinación de una forma elegante y una corteza blanca con un marcado dibujo hace que «Youngii» sea realmente un árbol para todo el año. Resulta especialmente efectivo cuando se planta en grupo, de forma que las copas se fusionan unas con otras.

rasgo foliar, pero que deben elegirse con bastante esmero, ya que algunas alcanzan alturas excesivas. Una de ellas, «Gracilis», alcanza los 10 m de altura y posee unas hojas muy recortadas. «Laciniata», que tiene unas hojas de forma similar y un porte netamente llorón, alcanza, en cambio, alturas semejantes a la especie (unos 30 m), por lo que no resulta adecuado para un pequeño jardín. En Gran Bretaña, en ocasiones se confunde con «Dalecarlica», que tiene menor tendencia al hábito llorón.

ficha descriptiva

altura	hasta unos 10 m
rusticidad	zonas 2-7
exposición	pleno sol
tipo de suelo	cualquiera
pH del suelo	muy tolerante
país de origen	Europa

Betula utilis
Abedul del Himalaya

Cat.: *Bedoll*

Eusk.: *Urkhi*

Gall.: *Bidueiro, bido, biduo*

Betulaceae

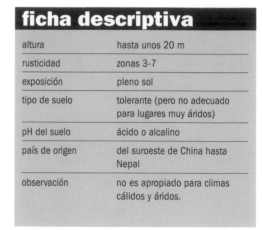

ficha descriptiva

altura	hasta unos 20 m
rusticidad	zonas 3-7
exposición	pleno sol
tipo de suelo	tolerante (pero no adecuado para lugares muy áridos)
pH del suelo	ácido o alcalino
país de origen	del suroeste de China hasta Nepal
observación	no es apropiado para climas cálidos y áridos.

Conocido, sobre todo, por su corteza de colores llamativos, este abedul es una planta de jardín muy apreciada. Con su capacidad de alcanzar los 20 m de altura o incluso más, y su copa ampliamente cónica, forma parte de los árboles de tamaño medio. Por desgracia, a menudo se cultiva en espacios demasiado reducidos para alcanzar sus dimensiones maduras, lo que obliga a realizar podas muy poco estéticas para reducir la copa. Afortunadamente, es lo bastante adaptable como para crecer sin problemas en grandes macetas o en pequeños arriates, donde su tamaño es mucho más modesto. Su elegante estructura de ramas y ramillas es ornamental durante todo el año y queda realzada en primavera por los largos amentos masculinos. Los colores de la corteza son muy variables, desde el blanco casi puro hasta el cobrizo intenso, pasando por el pardo anaranjado y el rosado. El efecto cromático se ve potenciado por las tiras de corteza que, al desprenderse parcialmente, revelan las capas subyacentes de colores contrastados.

El abedul del Himalaya es una planta muy rústica que tolera diversos tipos de suelo y de pH. Por desgracia, y al igual que otros abedules, es propenso a los daños por insectos xilófagos y minadores, especialmente en condiciones de calor y sequía.

Otros árboles

La variabilidad de esta especie se ha traducido en una serie de variedades cultivadas de nombres no siempre coherentes que difieren, sobre todo, por el color de su corteza. *B. utilis* var. *jacquemontii (B. jacquemontii)*, con su corteza de color blanco brillante, es una de las más conocidas. «Doreenbos» es una variedad cultivada holandesa cuya corteza blanca se exfolia en escamas, lo que revela unas capas anaranjadas. La menos conocida «Silver Shadow», que se originó en los viveros Hillier, en Hampshire, en Inglaterra, es menor que la variedad anterior.

Las hojas ovadas (extremo superior) tienen el envés de un color verde oscuro lustroso, están finamente dentadas y, a menudo, adquieren un color otoñal amarillo brillante. La corteza, con dibujos pálidos, se extiende más allá del tronco principal hasta las ramas más pequeñas de la copa (superior).

Estos árboles deben cultivarse en un lugar abierto (superior y derecha), donde los troncos queden a la vista. El efecto que producen es especialmente atractivo si crecen en pequeños grupos frente a un fondo oscuro.

La corteza, lisa y de coloración muy variable, que oscila desde el blanco casi puro hasta el cobrizo (izquierda), se exfolia en escamas papiráceas y posee un dibujo a base de bandas horizontales conocida como lenticelas.

Las variedades cultivadas, así como las diversas variedades, se distinguen por la coloración de la corteza. «Silver Shadow» (superior izquierda) y var. jacquemontii (superior derecha) tienen una corteza pálida con matices anteados o grises.

Cedrus atlantica «Glauca Pendula»

Cedro azul del Atlas (forma péndula)

Cat.: *Cedre*

Eusk.: *Cedroa*

Gall.: *Cedro*

Pinaceae

Pocas personas tienen la suerte de poseer un jardín lo suficientemente grande para cultivar un cedro del Atlas de tamaño normal. No obstante, esta variedad cultivada es un árbol pequeño y elegante que, a pesar de ser muy diferente, constituye una alternativa. Cuando se ha desarrollado por completo, sus ramas péndulas y sus acículas de color gris azulado cuelgan hasta el suelo formando una cortina de follaje. Este efecto se potencia todavía más cuando el árbol se cultiva aislado, en un lugar donde se mantenga un contraste con otros colores y formas.

Al ser la forma un rasgo esencial, la selección del patrón y su cultivo revisten gran importancia. Lo ideal es injertar las plantas a bastante altura sobre el patrón para obtener un tronco recto desde el que la copa péndula pueda caer en cascada. La alternativa consiste en guiar las ramas injertadas hacia arriba desde un nivel más bajo para conseguir un efecto similar. Indudablemente, el primer método es el más fácil con diferencia. Si se deja sin guiar, una planta injertada a escasa altura acaba adquiriendo una forma casi postrada.

Las acículas alcanzan 2 cm de longitud y se disponen en el extremo de los brotes en densos grupos.

La combinación de follaje de color verde azulado y un hábito marcadamente llorón hacen que sea un árbol muy característico.

ficha descriptiva

altura	hasta unos 10 m, dependiendo de la altura del injerto y del guiado
rusticidad	zonas 6-9
exposición	de pleno sol a sombra parcial
tipo de suelo	tolerante
pH del suelo	tolerante
país de origen	noroeste de África (la especie)
observación	propenso al hongo *Armillariella mellea*

Aunque prefiere los suelos húmedos y adecuadamente drenados, esta planta tolera diversos tipos de suelo y de pH, incluidos los suelos arcillosos y los calizos.

Otros árboles

C. atlantica «Pendula» posee el mismo hábito llorón que «Glauca Pendula», pero se diferencia por su follaje de color verde grisáceo en lugar de azulado. Existen diversas variedades cultivadas a partir de otras especies de cedros. Para los pequeños jardines merece consideración *C. deodara* «Aurea», una forma bastante común del cedro del Himalaya, cuyo follaje primaveral dorado se torna verde y que crece con lentitud hasta alcanzar unos 5 m de altura.

Si el árbol se injerta a escasa altura y se deja sin guiar (superior), adquiere una forma ondulada que combina a la perfección con otras plantas de formas bastante distintas. Para obtener un árbol más erecto, es necesario guiarlo (izquierda). Para ello, hace falta un tutor o vara larga a la cual pueda atarse el tronco principal a alturas cada vez mayores a medida que vaya creciendo.

47

Cercis canadensis

Ciclamor americano

Leguminosae

Las hojas son redondeadas, a menudo con forma de corazón en la base y dispuestas de forma alterna a lo largo de los brotes. Cuando se abren suelen ser de color bronce y, posteriormente, se tornan de una tonalidad verde brillante.

Conocida sobre todo por su espectacular floración primaveral, esta planta, originaria del este de EE.UU., es un árbol ideal para el jardín. En raras ocasiones sobrepasa los 10 m de altura y posee una extensión similar y una forma redondeada y ornamental. Las flores papilionáceas aparecen en primavera antes que las hojas y se disponen en racimos a lo largo de los brotes, las ramas e incluso el tronco. Hacia mediados de verano aparecen unas alargadas legumbres que persisten durante el otoño. Cuando salen, las hojas son de un color púrpura intenso y se tornan gradualmente verdes. Algunos años también adquieren una tonalidad amarillenta en otoño.

Se trata de un árbol relativamente fácil de cultivar, en especial apropiado para las exposiciones al sol y los suelos adecuadamente drenados. Tolera los suelos tanto ácidos como alcalinos, pero no prospera en los lugares húmedos. Tiene fama de ser difícil de trasplantar, de modo que es preferible plantarlo cuando todavía es pequeño y trasplantarlo cuando es joven, durante la estación de reposo vegetativo. En lugares inapropiados puede ser propenso a la enfermedad producida por los hongos del género *Verticillium*.

Las flores papilionáceas (derecha) brotan directamente de los viejos vástagos, sobre unos cortos pedúnculos. Aparecen en primavera, antes que las hojas.

C. canadensis (superior) se convierte en un árbol de ramas bajas o en un gran arbusto. En otoño, sus hojas se tornan de color amarillento.

ficha descriptiva

altura	hasta unos 10 m
rusticidad	zonas 4-8 (*C. siliquastrum*, 6-10)
exposición	pleno sol
tipo de suelo	suelos adecuadamente drenados
pH del suelo	de ácido a moderadamente alcalino
país de origen	sureste de EE.UU.

Otros árboles

De estructura similar (aunque con flores menos abundantes) y mucho más común en España es el árbol del amor o de Judas, *C. siliquastrum*, el árbol del cual, según la leyenda, se colgó Judas Iscariote. Originario del este del Mediterráneo y menos resistente al frío que *C. canadensis*, el árbol del amor es, en cambio, muy resistente a los veranos calurosos. *C. canadensis*, por su parte, tiene dos variedades cultivadas de jardín especialmente notables. «Forest Pansy» posee unas flores menos abundantes que la especie, aunque se cultiva por sus impresionantes hojas, que conservan su intenso color púrpura durante la mayor parte de la estación de crecimiento; puede cultivarse como un tocón que se poda a intervalos regulares, del que brotan los nuevos vástagos con hojas de espectacular tamaño. «Alba» es una variedad cultivada de flores blancas que resulta muy similar a la especie.

Una de las variedades cultivadas más notables de C. canadensis es «Forest Pansy» (izquierda), cuyas hojas conservan durante todo el verano su tonalidad bronce purpúrea. Resulta particularmente efectivo cuando se combina con flores de pétalos oscuros.

Chamaecyparis obtusa
Falso ciprés hinoki
(variedad cultivada)

Cat.: *Fals xiprer*

Eusk.: *Altzifrea*

Cupressaceae

El follaje de la variedad cultivada «Spiralis» (superior) crece con un hábito retorcido. Las flores masculinas son amarillas y se amontonan en los extremos de los brotes. «Spiralis Aurea» (inferior) posee un follaje similar, aunque dorado, y, al igual que «Spiralis», crece hasta alcanzar más o menos 1 m.

E l falso ciprés hinoki es un árbol de gran tamaño que, en su forma silvestre, se cultiva como especie maderera y del que, afortunadamente para los jardineros, se han obtenido numerosas variedades cultivadas de jardín, muchas de ellas procedentes de su lugar de origen, Japón. Varían mucho en cuanto a tamaño, desde árboles muy grandes hasta otros diminutos, y presentan una amplia gama de follaje. Las variedades enanas y de crecimiento lento resultan apropiadas para los jardines alpinos y, en el caso de que las condiciones locales del suelo no sean idóneas, pueden cultivarse en macetas con un compost apropiado. El falso ciprés hinoki suele considerarse más apropiado para los climas continentales y fríos que su pariente americano más común en España, el falso ciprés de Lawson (*C. lawsoniana*).

Otros árboles

«Crippsii», una de las formas de *C. obtusa*, es de crecimiento lento y acaba adquiriendo un porte cónico, ancho e irregular de hasta unos 10 m de altura. Su follaje dorado brillante se dispone en ramas abiertas, irregulares e inclinadas en los extremos, lo que le confiere un aspecto elegante. «Nana Gracilis» es una forma popular, con unas ramas a modo de helecho, bastante inusuales, y un follaje de color verde lustroso. Se desarrolla en un denso arbusto de hasta unos 5 m de altura, con un hábito poco definido que permite realizar muchos diseños distintos. «Spiralis» es un arbusto enano que no sobrepasa 1 m y tiene un follaje inusualmente retorcido. «Nana Aurea» es una excelente variedad cultivada de follaje de color amarillo dorado que, si bien tiene forma de árbol, rara vez sobrepasa los 2 m de altura.

ficha descriptiva

altura	variable; de enano a árbol grande
rusticidad	zonas 4-8
exposición	de pleno sol a sombra parcial
tipo de suelo	fértil, adecuadamente drenado
pH del suelo	de ácido a moderadamente alcalino
país de origen	Japón (la especie)

El follaje de «Nana Aurea» (superior) está dispuesto en ramas aplanadas. Su color dorado es especialmente conspicuo en los nuevos brotes, así como en invierno.

Chamaecyparis pisifera «Filifera»

Falso ciprés sawara

(variedad cultivada)

Cat.: *Fals xiprer*

Cupressaceae

El follaje se compone de ramillas a modo de cordeles con pequeñas hojas escamosas muy apretadas.

Este árbol resulta ideal para todas las situaciones que requieran mucho e interesante follaje. Su anchura a menudo excede su altura, que alcanza los 10 m, lo que da como resultado una forma piramidal ancha y de copa redondeada. El nombre de la variedad cultivada procede de su follaje filiforme que cuelga de unas ramillas caídas. Aunque su uso como ejemplar aislado no parece muy evidente, si su lugar en el jardín se ha estudiado con detenimiento, podrá actuar como un valioso complemento de otras plantas con coloraciones y texturas distintas. También puede usarse como pantalla, siempre que se precise combinar esta función con el interés visual.

Otros árboles

«Filifera Aurea» es similar, pero posee un follaje dorado que tiende a enfatizar su textura. Existen numerosas variedades cultivadas disponibles de esta especie que ofrecen una enorme gama de tamaños, colores y texturas. Para los jardines de gran tamaño, «Squarrosa», con su follaje plumoso y de color gris pálido, resulta especialmente atractivo.

«Filifera» (superior) forma un amplio cono de ramillas péndulas. Resulta especialmente útil en lugares donde se requiera un follaje perenne y denso para conferir protección y textura.

ficha descriptiva

altura	hasta unos 10 m
rusticidad	zonas 4-8
exposición	de pleno sol a sombra parcial
tipo de suelo	fértil, adecuadamente drenado
pH del suelo	de ácido a neutro
país de origen	Japón (la especie)

El follaje de color amarillo brillante de «Filifera Aurea» (extremo izquierda) posee una textura similar al de «Filifera» (izquierda), aunque también aporta un toque de luminosidad, especialmente en invierno. Su crecimiento es bastante lento y su altura máxima apenas supera los 2 m.

Chionanthus virginicus
Oleaceae

Aunque a menudo se describe como un arbusto de gran tamaño, esta planta, que suele tener múltiples troncos, puede alcanzar los 8 m de altura; además, se desarrolla en una forma extendida. Su atractivo principal se centra en las flores, que aparecen a finales de primavera en panículas erectas con unos pétalos insólitamente largos y estrechos. Aparecen en la madera del segundo año, incluso en plantas de apenas 3 o 4 años de antigüedad. Aunque no son longevas, poseen una gran belleza, desprenden un agradable aroma y tienen unos frutos semejantes a ciruelas de color azul intenso que maduran a finales de verano. Las hojas, de bordes lisos, poseen tamaños variables y, en otoño, adquieren una atractiva tonalidad amarillenta.

Las hojas, que poseen el haz de un color verde lustroso y el envés más pálido, a menudo se tornan amarillas en otoño.

Esta planta, que apenas se conoce en algunos países, se desarrolla en cualquier suelo fértil y adecuadamente drenado, preferentemente con un pH ligeramente ácido, y prospera en lugares razonablemente resguardados, a pleno sol o con sombra moderada. Aunque no posee durante todo el año el atractivo necesario para destacar como árbol aislado, resulta muy efectivo si se combina con otras plantas para producir cierta variedad. Tiene fama de ser muy difícil de propagar por esquejes.

Los frutos de C. retusus (superior) son bayas ovales, de pequeño tamaño y de un color azul intenso.

La corteza es gris pálida o parda y adquiere un atractivo aspecto agrietado con los años.

Otros árboles

No se conocen variedades cultivadas de *C. virginicus* y, aunque este género incluye unas 120 especies, solamente existe otra que se cultiva en Europa (aunque no en España), *C. retusus*, originaria de China y similar a *C. virginicus* en muchos aspectos, aunque suele poseer hojas de menor tamaño.

ficha descriptiva

altura	hasta unos 8 m
rusticidad	zonas 4-9
exposición	de pleno sol a sombra parcial
tipo de suelo	fértil, adecuadamente drenado
pH del suelo	de ácido (preferible) a moderadamente alcalino
país de origen	sureste de EE.UU.

C. virginicus *varía mucho en tamaño y, en algunas ocasiones,*
forma un arbusto extendido y ancho (superior).

A finales de primavera,
las ramas se cubren de
abundantes y olorosas flores.
Aparecen en la madera del
segundo año, lo que significa
que la planta se debe podar
con esmero para que pueda
florecer al año siguiente.

53

Cladrastis kentukea
(Cladrastis lutea)
Fustete, palo de Cuba, palo moral o palo amarillo
Leguminosae

En otoño, las hojas se tornan gradualmente amarillas, empezando por los bordes. Este color a menudo aparece de forma desigual, lo que crea unos atractivos dibujos jaspeados.

Las hojas son pinnadas y poseen de 7 a 11 foliolos no dentados. Las hojas nuevas poseen una tonalidad amarillenta, pero se van oscureciendo gradualmente con el paso de los años.

Aunque este árbol se conoce sobre todo por sus flores papilionáceas, el máximo interés se centra en su hermoso follaje, que forma una ancha y densa copa de unos 15 m de altura, lo que hace que resulte demasiado grande para los jardines de dimensiones más reducidas. Aun así, si existe el suficiente espacio, vale la pena otorgarle un lugar destacado en el jardín. Sus flores, fragantes y de color blanco, cuelgan de las ramas en panículas péndulas hacia finales de primavera en una exhibición espectacular. Las hojas, de gran tamaño, pinnadas y de un color verde guisante cuando son jóvenes, adquieren un colorido otoñal amarillo claro y brillante. Como rasgo inusual, los raquis o nervios medios de las hojas compuestas permanecen a menudo en el árbol mucho después de que se desprendan los foliolos. La corteza es lisa y de color gris pálido y con la madera amarilla se elaboraba antaño un pigmento de color amarillo.

El tronco (superior) puede desarrollar horcaduras bajas. Para obtener una forma más erecta deberá realizarse una poda formativa en la planta cuando todavía es joven (véase pág. 19).

Esta especie, también conocida como *C. lutea*, puede desarrollarse en cualquier tipo de suelo fértil y con un drenaje adecuado, con un pH de alcalino a moderadamente ácido.

Otros árboles

La variedad cultivada «Perkin's Pink» (*C. lutea* «Rosea»), que posee flores de color rosado se comercializa en EE.UU. La única especie del género que se cultiva en Europa es *C. sinensis*, un árbol de tamaño medio originario de China y similar en muchos aspectos a *C. kentukea*, pero con flores rosas. *C. sinensis* es más difícil de adquirir que *C. kentukea*.

Los árboles jóvenes (derecha) no tardan en desarrollar una copa ancha y redondeada. Es necesario elegir la ubicación de esta planta con esmero para que tenga el suficiente espacio y pueda desarrollarse por completo.

ficha descriptiva

altura	hasta unos 15 m, aunque no es habitual
rusticidad	zonas 4-8 (*C. sinensis*, 5)
exposición	pleno sol
tipo de suelo	fértil, adecuadamente drenado
pH del suelo	de moderadamente ácido a alcalino
país de origen	sureste de EE.UU.
observación	se considera resistente al hongo *Armillariella mellea*

Las hojas con bordes de color blanco crema de C. controversa «Variegata» permiten crear combinaciones interesantes con plantas de follaje distinto.

Cornus alternifolia
Cornejo de hojas alternas

Cat.: *Sanguinyol*

Eusk.: *Zuandurra*

Gall.: *Sangomiño*

Cornaceae

Esta especie se considera uno de los árboles de reducido tamaño más ornamentales en cuanto a forma y se caracteriza por sus ramas dispuestas en estratos o «pisos» horizontales que crean un «efecto pagoda». Hacia finales de primavera aparecen las flores de color blanco crema encima de cada estrato de ramas. Sus pequeños frutos de color negro purpúreo aparecen en racimos hacia mediados de verano, y, en otoño, sus hojas adquieren diversas tonalidades rojizas. Aunque rara vez supera los 6 m de altura, suele desarrollarse en forma de árbol con un único tronco. Sus líneas horizontales pueden ser muy útiles para crear contraste con plantas estrechas y erectas o con otros ornamentos verticales.

Siente predilección por los suelos húmedos, ácidos y con un drenaje adecuado en lugares parcialmente a la sombra. Como ocurre con otros cornejos, no prospera en zonas propensas a las sequías.

ficha descriptiva

altura	hasta unos 6 m
rusticidad	zonas 3-7 (*C. controversa*, 4-8)
exposición	sombra parcial
tipo de suelo	húmedo, adecuadamente drenado
pH del suelo	ácido
país de origen	este de Norteamérica
observación	no resulta apropiado en las zonas propensas a sequías.

Otros árboles

Si el espacio lo permite, el emparentado *C. controversa* (cornejo gigante), originario de Japón y China, constituye una alternativa de mayor tamaño. Posee una forma similar a *C. alternifolia*, pero puede alcanzar 20 m de altura, con una copa extensa y ancha. Ambos tienen variedades cultivadas con hojas variegadas: *C. alternifolia* «Argentea» («Variegata») y *C. controversa* «Variegata». Los dos alcanzan normalmente la mitad de altura que la especie y sus hojas poseen los bordes de color blanco. *C. controversa* «Variegata» es el más fiable de los dos y es apropiado incluso para los jardines de dimensiones reducidas.

Las flores de color blanco crema de C. controversa *«Variegata» (superior) se forman hacia finales de primavera sobre las capas de ramas y armonizan a la perfección con las hojas variegadas.*

Similar en muchos aspectos a C. alternifolia, C. controversa *(izquierda) es un árbol de mayor tamaño que puede competir con otras muchas plantas en jardines mayores. Sus hojas nuevas son de color verde brillante, lo que enfatiza la disposición de las ramas en pisos.*

Ya desde jóvenes, los árboles empiezan a adquirir el característico hábito en estratos (derecha), que confiere a esta especie su gran valor paisajístico.

Cornus kousa
Cornejo kousa

Cat.: *Sanguinyol*

Eusk.: *Zuandurra*

Gall.: *Sangomiño*

Cornaceae

A diferencia de otros muchos cornejos, que son arbustivos y se cultivan por el color invernal de sus tallos, esta hermosa especie, originaria del este de Asia, adquiere el tamaño de un arbolillo y se cultiva desde hace mucho tiempo por su forma compacta y pulcra, así como por su interés multiestacional. Se conoce sobre todo por las brácteas florales de color blanco crema que cubren sus ramas hacia finales de primavera, semejantes a miles de cruces puntiagudas. Las brácteas son seguidas por los frutos comestibles a modo de fresas que se desarrollan a partir de las muy discretas flores verdaderas. En otoño, las hojas adquieren unas magníficas tonalidades rojizas y anaranjadas. Este árbol resulta especialmente atractivo si dispone de espacio suficiente, así como de luz solar durante todo el año.

Las flores propiamente dichas son escasamente conspicuas, pero vienen señaladas por las brácteas de color blanco crema (superior), que, en ocasiones, están teñidas de un color rosado en sus extremos puntiagudos. Se disponen en grupos de cuatro y resultan muy llamativas contra un fondo de hojas de color verde oscuro.

Los pequeños frutos (derecha) son globosos, de color rojo, y se asemejan a madroños o fresas. Se disponen sobre largos pedúnculos que pueden ser erectos o colgantes, dependiendo de su tamaño. Las hojas, no dentadas, tienen ambas caras lustrosas y el ápice fusiforme. Algunos años adquieren tonalidades rojizas y anaranjadas en otoño.

Si las condiciones resultan apropiadas, ejemplares como éste (superior) se desarrollan con masas de follaje que ondean al viento. A finales de primavera o principios de verano, las flores forman una capa casi continua por encima del follaje.

ficha descriptiva

altura	hasta unos 15 m, aunque no es frecuente
rusticidad	zonas 5-8 (var. *chinensis*, 4-8)
exposición	pleno sol (preferible) o sombra parcial
tipo de suelo	fértil, adecuadamente drenado
pH del suelo	de neutro a ácido
país de origen	Japón, Corea

Aunque es capaz de sobrevivir incluso en suelos pobres y alcalinos, su crecimiento y aspecto general serán más agrada-
bles si se cultiva en un suelo fértil. La poda no es necesaria.

Otros árboles

C. kousa var. *chinensis* es una variante geográfica que tiende
a adquirir una altura algo mayor y tiene bastante fama por
su espectacular color otoñal. Sus hojas son algo mayores
que las de *C. kousa* y se distinguen por carecer de mecho-
nes vellosos en el envés. Suele ser más resistente al frío que
C. kousa. Existen algunas variedades cultivadas; una de las
más interesantes es *C. kousa* «Satomi», con brácteas florales
rosadas y hojas que se tiñen de un color púrpura en otoño.

Existen especies arbóreas del género *Cornus* y muchas más
variedades cultivadas. Entre las más notables figuran *C. flo-
rida* (cornejo florido) y *C. nuttallii* (cornejo del Pacífico).

*Los árboles maduros
desarrollan a menudo una
atractiva corteza (izquierda).
La superficie se exfolia en
escamas irregulares, dejando
expuestas las más pálidas
capas inferiores.*

Cornus mas
Cornejo macho

Cat.: *Sanguinyol, corneller mascle*

Eusk.: *Zuandurra*

Gall.: *Sangomiño*

Cornaceae

Las flores (superior) se disponen en diminutos racimos cerca de los desnudos tallos. Aparecen hacia finales de invierno y, a menudo, permanecen en la planta hasta muy entrada la primavera.

ficha descriptiva

altura	unos 5-8 m
rusticidad	zonas 4-8
exposición	pleno sol
tipo de suelo	muy tolerante
pH del suelo	muy tolerante
país de origen	sureste y centro de Europa, oeste de Asia

Esta especie euroasiática produce unos frutos comestibles de agradable sabor ácido con los que se elaboran mermeladas y jarabes. Similares a cerezas, en verano, cuando los frutos maduran, adquieren un color rojo brillante. La principal característica de este cornejo son las pequeñas flores amarillas que recubren el denso entramado de ramas a finales de invierno, mucho antes de que salgan las hojas. En algunas ocasiones, estas plantas exhiben un bello color otoñal, cuando sus hojas se tiñen de un intenso color rojo ciruela. La forma del cornejo macho oscila desde la de un arbusto grande y redondeado hasta la de un arbolillo, y algunas plantas tienden a desarrollar chupones. Si se dejan crecer sin control, estos cornejos constituyen macizos de grandes dimensiones, que resultan ideales como pantallas.

A diferencia de otras muchas especies del género *Cornus*, que se desarrollan mejor en suelos ácidos o neutros y ade-

cuadamente drenados, ésta es muy tolerante en cuanto a pH y tipos de suelo (siempre y cuando mantengan cierta humedad), incluidos los arcillosos muy húmedos. Se desarrolla mejor en un lugar a pleno sol.

Otros árboles

Se han obtenido numerosas variedades cultivadas que proporcionan una amplia gama de colores de hoja. «Variegata» tiene hojas de color verde con los bordes blancos, mientras que las de «Aurea» poseen una tonalidad amarillenta. «Aurea Elegantissima» («Tricolor») es una planta de tamaño más reducido y de crecimiento lento, con hojas de color amarillo y variegadas que requieren una sombra parcial.

C. mas «Variegata» (superior) tiene las hojas variegadas con los bordes de color blanco que le confieren un contorno vistoso, en particular cuando crece frente a un fondo de follaje oscuro. Es también conocido por su abundante fructificación.

Cornus mas está en su mejor momento a finales de invierno y principios de primavera (derecha), en particular cuando la luz solar ilumina sus flores doradas y sus ramas todavía desnudas. Puede formar un arbolillo o un gran arbusto de múltiples troncos, y donde mejor crece es en un lugar abierto a pleno sol.

Las flores individuales son diminutas, pero se encuentran dispuestas en panículas abiertas que se alzan por encima del follaje. Persisten durante el otoño y van adquiriendo un color gris humo.

Cotinus coggygria
Árbol de las pelucas, fustete

Cat.: *Sumach de Llombardia*

Eusk.: *Orikai*

Anacardiaceae

Pocos árboles de jardín ofrecen una gama tan extensa de texturas y colores como este arbolillo o amplio arbusto. Desde mediados de primavera, las inflorescencias, finamente divididas y de aspecto plumoso, forman una especie de bruma en torno al follaje. Persisten hasta bien entrado el otoño, época en que sus tonos beige y rosados, un poco descoloridos, se ven potenciados por la llamarada de color de las hojas otoñales. Aunque en raras ocasiones supera los 4 m de altura, se extiende en anchura, de modo que adquiere una atractiva forma ondulada.

Todas las especies del género *Cotinus* se desarrollan bien en suelos secos y bastante pobres, a pleno sol. Si las condiciones son menos duras, el color otoñal es, con frecuencia, me-

La corteza se exfolia en escamas con el paso del tiempo.

nos intenso. Para obtener una forma compacta puede podarse, aunque es mejor realizar ligeras y frecuentes podas en primavera para evitar las poco estéticas heridas. Con algunas formas de *Cotinus* puede obtenerse un pequeño árbol mediante una combinación de guiado y podas de formación.

Otros árboles

El árbol de las pelucas posee diversas variedades cultivadas que exhiben una amplia gama de colores en las hojas y las flores. «Royal Purple» tiene hojas de un color púrpura intenso que se tornan rojizas en otoño y, a menudo, permanecen en la planta hasta principios de invierno. Menos común en España, «Atropurpureus» (*f. purpureus*) tiene hojas verdes y flores de un color gris purpúreo. Entre las variedades cultivadas más llamativas figuran las del híbrido de esta especie con su pariente norteamericana *C. obovatus*, las cuales tienden a heredar la forma más erecta de esta última y constituyen una perfecta elección cuando se requiere una planta de mayor tamaño. Tanto *Cotinus* «Grace» como *C.* «Flame» tienen flores rosadas y un magnífico color otoñal.

Las panículas florales son de color rosa pálido o beige y tienen un aspecto de penachos plumosos que dio lugar al nombre común de la especie. Aparecen entre primavera y verano y rodean el follaje como una nube de humo.

ficha descriptiva

altura	hasta unos 4 m; híbridos, 8 m
rusticidad	zonas 4-8
exposición	pleno sol
tipo de suelo	cualquiera (no excesivamente fértil)
pH del suelo	de ácido a moderadamente alcalino
país de origen	Desde el sur de Europa (excepto la península Ibérica) hasta China

Los árboles antiguos adquieren un carácter considerable. Su tendencia a extenderse puede controlarse mediante podas o utilizarse con fines estéticos.

En otoño, las hojas adquieren una amplia gama de colores, desde el amarillo hasta el rojo y el púrpura. Muchas variedades cultivadas se seleccionaron por sus tonalidades otoñales.

Crataegus crus-galli
Espino, acerolo

Cat.: *Atzeroler*

Eusk.: *Mapilondo*

Gall.: *Azaroleira*

Rosaceae

Los brotes poseen unas espinas aceradas que alcanzan los 7,5 cm de longitud. Las hojas tienen el haz lustroso y se ensanchan hacia su dentado ápice.

Norteamérica posee numerosas especies autóctonas de espinos, entre las cuales se encuentra ésta, una de las mejores para los jardines de reducido tamaño. Tiene la forma de «piruleta» característica, con su ancha y redonda u ovalada copa sobre un tronco corto y carente de ramas. Este hecho le confiere gran valor paisajístico, sobre todo cuando se cultiva en lugares aislados o asociados a plantas cuyas formas contrasten con la suya. Las hojas son de color verde lustroso. Las flores, de color blanco, aparecen en primavera, en racimos densos, y dan paso a frutos de color rojo oscuro que, a menudo, persisten hasta bien entrado el invierno. El nombre común del árbol procede de las impresionantes espinas de hasta 7,5 cm de longitud. Estas mismas espinas desaconsejan seriamente su uso en lugares frecuentados por niños o próximos a senderos y caminos.

Esta especie es conocida por su tolerancia a los suelos secos. Prefiere condiciones moderadamente ácidas y una exposición a pleno sol. En algunas zonas, la roya de las hojas, causada por el hongo *Gymnosporangium globosum*, puede cons-

La corteza (superior) es de un color pardo grisáceo y se torna agrietada y escamosa con el paso de los años.

tituir un problema; aunque rara vez amenaza la supervivencia de la planta, puede afectar a su aspecto.

Otros árboles

C. crus-galli, una de las especies parentales del híbrido *C. x lavallei*, es conocido por su variedad cultivada «Carrierei». Este árbol posee menos espinas que su progenitor e incluso puede carecer casi por completo de ellas. Sus frutos alcanzan 2 cm de diámetro. Sus hojas poseen un atractivo color otoñal y tienen la ventaja de permanecer en el árbol hasta bien entrado el invierno.

ficha descriptiva

altura	hasta unos 8 m
rusticidad	zonas 3-7 (*C. x lavallei*, 4-7)
exposición	pleno sol
tipo de suelo	adecuadamente drenado
pH del suelo	moderadamente ácido
país de origen	centro de Norteamérica
observación	propenso a la roya de las hojas

C. x lavallei «Carrierei» (izquierda) tiene unas hojas elípticas que permanecen en el árbol hasta principios de invierno y proporcionan un excelente color otoñal. Los frutos tienen un diámetro de hasta 2 cm y cuando maduran, a finales de otoño, adquieren un color rojo. C. crus-galli (derecha) tiene un hábito redondeado y pulcro que resulta ideal como ejemplar aislado o para espacios reducidos.

«Paul's Scarlet» (superior) es una de las variedades cultivadas más comunes. Sus flores son dobles y de un color rosa intenso.

Crataegus laevigata
Espino, acerolo

Cat.: *Atzeroler*

Eusk.: *Mapilondo*

Gall.: *Azaroleira*

Rosaceae

En Europa, de donde es originaria, constituye una de las especies cultivadas más populares de su género. Aunque se emplea sobre todo como seto vivo, también se cultiva como ejemplar aislado. Aunque no sobrepasa los 10 m de altura, se extiende en anchura y desarrolla una espesa copa de ramas con un denso follaje. Hacia primavera, las ramas quedan cubiertas por una profusión de flores blancas y olorosas. Los frutos, pequeños y rojos, aparecen hacia finales de verano y constituyen una importante fuente de alimentación para las aves. Las ramas poseen unas espinas que la convierten en una especie ideal para formar setos.

Un punto a favor es su tolerancia a las condiciones adversas, incluidos los suelos secos y anegados con un extenso rango de valores de pH. En cambio, es bastante sensible a una enfermedad fúngica que puede provocar que las hojas se caigan en verano. Aunque esta enfermedad, que se observa sobre todo en Norteamérica, tiene una importancia sobre todo estética, puede ser persistente y difícil de erradicar.

ficha descriptiva

altura	hasta unos 10 m
rusticidad	zonas 5-7
exposición	de pleno sol a sombra parcial
tipo de suelo	muy tolerante
pH del suelo	de ácido a alcalino
país de origen	oeste de Europa
observaciones	propenso a una enfermedad criptogámica de las hojas

Otros árboles

Diversas variedades cultivadas se han obtenido para proporcionar una amplia gama de formas y de colores de flor. «Paul's Scarlet» tiene flores dobles de un color rosa intenso, mientras que las de «Punicea» («Crimson Cloud»), de color similar, son simples y tienen un conspicuo «ojo» blanco en el centro. «Plena» posee flores dobles y de color blanco y «Aurea», unos frutos amarillos. «Gireoudii» posee unas hojas con una variegación moteada.

Varias son las formas de C. laevigata que se cultivan comúnmente en los jardines europeos. Una de ellas es «Rosea Flore Pleno» (derecha).

C. laevigata (superior) suele desarrollar una copa irregular y amplia, sobre un tronco único y despejado. Además de sus cualidades ornamentales, resulta muy apropiada para los setos vivos, ya que tolera los recortes y perfilados a intervalos regulares.

La variedad cultivada «Plena» (superior) posee unas flores dobles y de color blanco que emergen entre las lobuladas hojas a principios o mediados de primavera. Las flores de la variedad cultivada «Rosea Flore Pleno» (derecha) son también dobles, aunque de color rosado.

Crinodendron hookerianum
Polizonte, chaquihue, copío
Elaeocarpaceae

Siempre que pueda gozar de un clima y una ubicación adecuados, el polizonte es una de las perennifolias más deseables para los jardines. Aunque a menudo adquiere el tamaño de un arbolillo de 8 m de altura, también es frecuente el arbusto de múltiples troncos con una forma ancha y cónica. Las insólitas flores, gracias a las que se conoce esta especie, se asemejan a campanas o linternas carmesíes suspendidas de sus pedúnculos. Florecen en primavera y resultan especialmente vistosas frente a un fondo de hojas verdes y lustrosas.

El único inconveniente de esta especie radica en sus requisitos climáticos, que son bastante estrictos. No sólo requiere temperaturas suaves, sino también un suelo ácido y húmedo, una sombra parcial y frecuentes riegos estivales; en zonas de climas fríos, los requisitos térmicos pueden compen-

Las flores de color carmesí brillante tienen una textura parecida a la cera y se asemejan a linternas con un largo pedúnculo. Las estrechas hojas poseen un colorido verde intenso y lustroso, además de una textura coriácea.

ficha descriptiva	
altura	hasta unos 8 m
rusticidad	zona 8
exposición	sombra parcial
tipo de suelo	húmedo, adecuadamente drenado
pH del suelo	moderadamente ácido
país de origen	Chile
observación	apta para lugares con temperaturas suaves

sarse situando la planta cerca de una pared protectora. Como alternativa, se puede cultivar en una gran maceta y trasplantarla en invierno a un lugar fresco y donde no hiele.

Otros árboles

Crinodendron patagua (la patagua) es la otra especie del género. Tiene la misma rusticidad que *C. hookeriana* y difiere de ella sobre todo por tener flores blancas que aparecen hacia mediados de verano en lugar de las carmesíes.

Las flores aparecen en primavera y penden en gran número de las ramas (derecha). Aunque en menor cantidad, continúan apareciendo flores tardías durante el verano, así como a principios de otoño.

La corteza (superior) es de color pardo violáceo oscuro y con el tiempo desarrolla fisuras poco profundas.

Esta especie a menudo forma un árbol de múltiples troncos (derecha) tan ancho como alto. Por ser perennifolia resulta útil para formar pantallas visuales, aunque en las zonas más frías conviene ponerla al resguardo de los vientos fríos.

Cryptomeria japonica «Elegans»

Criptomeria japonesa

Cupressaceae

Las flores femeninas se desarrollan en los brotes terminales y maduran transcurrido un año.

El follaje (inferior izquierda), fino y plumoso, constituye el principal atributo de este árbol. En primavera y verano es de un color verde glauco, aunque se torna gradualmente de color bronce en otoño e invierno.

Aunque en su estado natural la criptomeria japonesa es un árbol forestal de gran tamaño que puede superar los 50 m de altura, se han obtenido numerosas especies cultivadas de tamaño medio, que resultan apropiadas para los grandes jardines. «Elegans» es un arbolillo con un follaje denso y de fina textura que en otoño e invierno adquiere un impresionante color bronce. Tiene una forma compacta y bastante cónica, sobre todo cuando se cultiva a pleno sol, y resulta muy útil en proyectos de paisajismo si se combina con otras coníferas que contrasten con ella.

Esta especie tolera la mayoría de los distintos tipos de suelo, dentro de un rango moderado de valores de pH, aunque no prospera en suelos excesivamente secos. Los árboles de gran tamaño son propensos a quedar dañados por las nevadas abundantes, pero pueden protegerse si las ramas se atan durante el invierno.

ficha descriptiva

altura	hasta unos 8 m
rusticidad	zonas 5-9
exposición	pleno sol («Sekkan-sugi», sombra parcial)
tipo de suelo	húmedo, adecuadamente drenado
pH del suelo	moderadamente ácido o alcalino
país de origen	Japón (la especie)

Otros árboles

«Sekkan-sugi» es una forma que difiere en gran medida de la especie. Su follaje, cuando es joven, es de un color amarillo crema que contrasta con el verde brillante de las hojas antiguas. Crece lentamente hasta formar un arbolillo de tamaño similar a «Elegans», pero, a diferencia de éste, es preferible cultivarlo en sombra parcial para evitar que su delicado follaje se queme. «Sekkan-sugi» es más difícil de obtener que «Elegans».

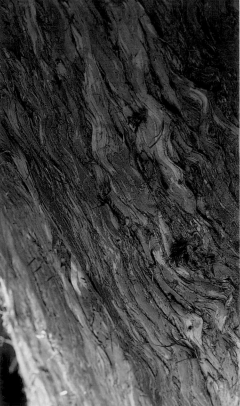

Los árboles más antiguos adquieren el tamaño suficiente para exhibir esta corteza fibrosa y de color rojo herrumbroso (izquierda).

C. japonica «Elegans», una conífera ornamental, tiene una estructura ancha y arbustiva, muy útil en los lugares donde se desee un follaje denso.

Las flores, tubulares y de color anaranjado brillante, pueden alcanzar 5 cm de longitud. Cuando maduran, se escinden y se arrollan hacia atrás, con lo que se revela su estilo.

Embothrium coccineum
Ciruelillo, notro
Proteaceae

La belleza de esta planta cuando está en plena floración apenas tiene parangón entre los árboles de jardín. Sus flores estrechas y tubulares aparecen a finales de primavera en una espectacular exhibición de brillo casi tropical. Resulta apropiada sobre todo en las zonas húmedas de clima mediterráneo cálido o subtropical, donde se desarrolla rápidamente hasta convertirse en un árbol erecto o un arbusto de múltiples troncos de unos 9 m de altura. Soporta adecuadamente los climas relativamente continentales y de inviernos fríos. Aunque es perennifolio en la naturaleza, cuando se cultiva en zonas más frías puede perder las hojas, que poseen formas variables.

Esta especie requiere un suelo húmedo, pero con un drenaje adecuado, y no calcáreo y, a menos que se cultive a pleno sol, resulta inestable. Tiene fama de ser difícil de trasplantar cuando ya se ha desarrollado, por lo que deben usarse plantas de tamaño medio cultivadas en macetas. Es posible cultivarla en zonas de rusticidad 7 siempre que se plante al resguardo de una pared o de otros árboles.

Las hojas no dentadas (superior) varían en gran medida en cuanto a forma y color. Aunque son perennes en la naturaleza, suelen convertirse en caducas cuando la planta se cultiva en zonas templadas frías.

E. coccineum *(inferior) forma a menudo un árbol de múltiples troncos cuyas ramas, de escasa altura, permiten observar de cerca sus inusuales flores.*

Otros árboles

El ciruelillo es una especie muy variable de la que existen numerosas formas. Las más resistentes al frío pertenecen al grupo *Lanceolatum* (*E. coccineum* var. *lanceolatum*) y sus hojas son más estrechas que las de *E. coccineum* y con mayor tendencia a caerse en invierno. La mejor variedad cultivada de este grupo, «Norquinco», es conocida por la abundancia de sus flores. El grupo *Longifolium* es similar a *Lanceolatum*, aunque posee unas hojas más largas y persistentes; a pesar de que comprende unas cuantas variedades cultivadas, ninguna de ellas es fácil de obtener.

ficha descriptiva

altura	hasta unos 9 m
rusticidad	zona 8
exposición	pleno sol
tipo de suelo	húmedo, adecuadamente drenado
pH del suelo	ácido
país de origen	Chile
observación	en localidades de la zona 7 deberá cultivarse en lugares al resguardo

Eucalyptus gunnii
Eucalipto de Gunn

Cat.: *Eucaliptus*

Eusk.: *Eukaliptua*

Gall.: *Eucalito*

Myrtaceae

Las hojas adultas (superior) alcanzan los 10 cm de longitud y tienen una forma diferenciada de las más jóvenes. Son pecioladas, con ambas caras lisas y de textura semejante a la cera.

Si el espacio lo permite, E. gunnii se puede convertir en un árbol de tamaño medio (inferior), con una copa abierta y una atractiva corteza.

Las hojas jóvenes (superior) son redondeadas, de color azul grisáceo y carentes de pecíolo. Las podas drásticas a intervalos regulares aseguran la aparición de nuevo follaje.

La corteza (superior derecha) es gris y con los años se desprende en tiras, de modo que deja al descubierto la capa inferior de color anteado o crema pálido.

Esta planta, que se cultiva por su corteza y follaje ornamentales, es uno de los eucaliptos más tolerantes al frío, y, por tanto, uno de los más apropiados para la mayoría de los climas templados y templados fríos. El follaje joven es particularmente atractivo, con sus hojas redondeadas de un color azul plateado. Las partes más maduras del árbol poseen hojas de una forma distinta. La corteza del tronco y de los tallos principales se desprende en tiras irregulares, lo que revela los distintos colores de las capas anteriores.

En condiciones apropiadas puede crecer hasta 20 m, de modo que no resulta apropiado para los jardines de reducidas dimensiones. Sin embargo, se incluye en el libro debido a su capacidad para crecer como un arbolillo de varios troncos, siempre y cuando se someta a unas podas drásticas a intervalos regulares. Aunque parezca excesivo, este método de cultivo tiene como ventaja la producción de una gran abundancia de follaje y tallos juveniles. La frecuencia de las podas depende del tamaño deseado. Con una poda al año se consigue un arbusto denso de brotes jóvenes, mientras que unas podas menos frecuentes permiten el desarrollo de tallos de mayor tamaño con la corteza coloreada.

Como la mayoría de los eucaliptos, esta especie tolera una amplia gama de suelos. Aunque prefiere el pleno sol, es preferible protegerlo de los vientos fríos durante el invierno. Es bastante recomendable plantar en la tierra pequeños ejemplares cultivados en una maceta, ya que el trasplante de plantas más crecidas no siempre conlleva el éxito.

Otros árboles

Eucalyptus parvifolia es un árbol de menor tamaño, ya que no supera los 20 m de altura. Tiene unas hojas similares a las de *E. gunnii* y una corteza de diversos colores que se desprende en tiras. Con una resistencia al frío similar a *E. gunnii*, puede crecer en suelos calizos poco profundos.

ficha descriptiva

altura	variable según el cultivo (*véase* superior)
rusticidad	zona 7
exposición	pleno sol, en ocasiones en un lugar resguardado
tipo de suelo	cualquiera que sea razonablemente fértil
pH del suelo	de moderadamente ácido a alcalino
país de origen	Tasmania (Australia)

Eucryphia glutinosa
Guindo santo
Eucryphiaceae

El guindo santo es un árbol popular en numerosos parques y jardines europeos, donde sus flores estivales alegran el paisaje en una época en la que la mayoría de los árboles ya han perdido las suyas. En otras estaciones, su follaje oscuro y lustroso resulta muy apropiado para formar pantallas visuales o como fondo de otros ejemplares más ornamentales. Las flores, por su parte, son espectaculares contempladas tanto de cerca como de lejos, cuando se amontonan sobre las ramas. En algunos países es todavía un árbol extraño. En Chile, su país de origen, es una especie perennifolia, aunque en los países europeos más fríos puede ser parcial o totalmente caducifolio, dependiendo del clima. En el caso de ser caducifolio, las hojas a menudo adquieren en otoño diversas tonalidades anaranjadas y rojizas.

El guindo santo crece moderadamente y se convierte en un arbolillo erecto que conserva las ramas más bajas y su follaje, incluso en plena sombra. Las mejores condiciones de cultivo son la sombra parcial, los suelos ácidos y húmedos y, en los climas más fríos, la protección de otros árboles. Tolera muy mal el pleno sol en torno a las raíces.

Otros árboles

E. x *nymansensis*, un híbrido de *E. cordifolia* y *E. glutinosa*, posee un tamaño algo mayor y un crecimiento más rápido que este último. En Europa sólo es común en el Reino Unido, donde la variedad cultivada más frecuente es «Nymansensis», que se obtuvo en los jardines de Nymans, en Sussex, en Inglaterra. Esta planta, según parece, tolera mejor los suelos moderadamente alcalinos que *E. glutinosa*.

E. x *intermedia* (*E. glutinosa* x *E. lucida*) es otro atractivo híbrido, prácticamente desconocido en algunos países, que forma un arbolillo que puede alcanzar los 10 m de altura. A menudo florece a finales de verano e incluso en otoño. Su variedad cultivada más conocida en Europa es «Rostrevor».

ficha descriptiva	
altura	hasta unos 10 m; *E.* x *nymansensis*, 15 m
rusticidad	zona 8
exposición	sombra parcial
tipo de suelo	húmedo, adecuadamente drenado
pH del suelo	ácido
país de origen	Chile

Las fragantes flores tienen 4 pétalos y delicados estambres con el ápice rojo. Aparecen en verano, rodeadas por las hojas, de color verde oscuro.

Las hojas (derecha) son pinnadas, con 3-5 foliolos. Tienen el haz de color verde oscuro y lustroso, en contraste con el envés más pálido. Aunque son perennes en la naturaleza, pueden caerse parcial o totalmente en las plantas cultivadas.

La corteza (superior) es lisa y gris. E. glutinosa (derecha) a menudo desarrolla una forma con varios troncos y amplias ramas horizontales. Prospera a la sombra parcial de árboles de mayor tamaño.

Euonymus hamiltonianus
Evónimo o bonetero

Cat.: *Evònim*

Celastraceae

Se trata de uno de los evónimos de mayor tamaño; además, resulta particularmente efectivo cuando se cultiva en grandes grupos. Sus flores brotan en primavera y son pequeñas e inconspicuas, aunque a finales de verano generan unos frutos de colores llamativos que más tarde se suman a los colores otoñales de las hojas para proporcionar una deslumbrante exhibición. La planta varía de semiperennifolia a caducifolia, dependiendo del clima y de su origen, y, por lo general, desarrolla una copa amplia y redondeada con un tronco corto y único o con múltiples troncos.

Las hojas de las formas caducifolias de esta especie tienden a adquirir pronto sus colores otoñales. La gama de tonalidades es variable, siendo el rosa y el rojo los colores más comunes.

Al igual que otros evónimos, una de sus grandes ventajas radica en la tolerancia a las condiciones adversas, incluidos los suelos alcalinos y pobres o los suelos compactados. También crece en una sombra moderada, aunque su fructificación es mucho más importante a pleno sol. La fructificación se favorece si se planta más de un ejemplar a la vez para asegurar la polinización.

Los brillantes frutos rosados (inferior izquierda) que, al abrirse revelan las semillas rojas o anaranjadas, constituyen el rasgo quizás más notable de esta especie. La corteza (inferior derecha) es de color gris pálido y lisa y adquiere fisuras poco profundas con el tiempo.

Un problema es la susceptibilidad a los daños por cochinillas. Esta enfermedad suele reducir su vitalidad y su valor estético y puede resultar fatal en los casos más extremos. Aunque el tratamiento es posible, rara vez se traduce en un control satisfactorio; en zonas donde es común esta plaga, se aconseja no plantar ni éste ni otros evónimos vulnerables.

ficha descriptiva

altura	hasta unos 6 m
rusticidad	zona 4
exposición	pleno sol (preferible) o sombra parcial
tipo de suelo	muy tolerante
pH del suelo	de ácido a alcalino, incluidos los suelos delgados sobre caliza
país de origen	este de Asia
observación	propenso a los daños por cochinillas

Otros árboles

Esta especie, en gran medida variable, comprende un gran número de subespecies y variedades naturales. Siempre que se deseen obtener resultados predecibles, deberán elegirse variedades cultivadas «con nombre propio», como *E. hamiltonianus* «Coral Chief» y «Coral Charm». Ambas tienen frutos de color rosado pálido con arilos rojos y hojas que adquieren una tonalidad amarillenta en otoño. De las dos, «Coral Chief» se considera la de estructura más arbórea.

E. europaeus es un bonetero del Paleártico occidental que crece en las montañas del norte de la península Ibérica. Una de las variedades cultivadas más atractivas es «Atropurpureus», con hojas que oscilan del púrpura al rojo brillante durante el otoño.

Las hojas (derecha) son de color verde lustroso y están dispuestas de forma opuesta a lo largo de los brotes. Las flores son de color blanco verdoso y aparecen en pequeños racimos a finales de primavera.

E. hamiltonianus (superior) suele formar un árbol de múltiples troncos. Su mejor momento es el otoño, cuando sus hojas muestran una gran variedad de colores.

Euptelea polyandra
Euptelea japonesa
Eupteleaceae

ficha descriptiva

altura	hasta unos 6 m; *E. pleiosperma*, similar
rusticidad	zona 6
exposición	pleno sol (preferible) o sombra ligera
tipo de suelo	húmedo, fértil y adecuadamente drenado
pH del suelo	de moderadamente ácido a alcalino
país de origen	Japón (*E. pleiosperma*, Himalaya y oeste de China)

Pese a resultar muy poco común a excepción de en las colecciones y los jardines botánicos, esta planta es muy apropiada para los jardines de reducidas dimensiones. El follaje es su rasgo de mayor interés, ya que sus hojas combinan una forma y un color muy atractivos. Se abren con una tonalidad broncínea, se tornan poco a poco verdes y proporcionan unos excelentes colores otoñales dominados por los rojos y amarillos. Las flores, si bien son pequeñas, en primavera, se concentran en racimos a lo largo de las ramas, lo que produce una «neblina» roja. Esta planta puede considerarse un arbusto o un arbolillo. Suele tener varios troncos y se extiende en anchura, de modo que resulta especialmente apropiada como ornamental dominante en un gran margen arbustivo.

Prospera en cualquier tipo de suelo húmedo y con un drenaje adecuado y prefiere las exposiciones al sol. La obtención de plantas no resulta tan fácil como con las especies más comunes, de manera que incluso es necesario recurrir a «buscadores de plantas» especializados o a Internet. Sin embargo, para quienes deseen algo poco usual, se trata de una planta tan interesante como poco común.

Otros árboles

Euptelea pleiosperma es la única especie cultivada. Difiere de *E. polyandra* en sus hojas dentadas menos irregulares y en sus colores otoñales menos atractivos.

Las hojas son casi redondas, con dientes irregulares y mellados y un ápice largo. Las que aparecen en la madera joven (superior) poseen una tonalidad broncínea que contrasta con el color verde del resto.

La corteza es de color marrón oscuro, a veces con un interesante dibujo moteado de colores más pálidos.

E. polyandra (derecha) forma con frecuencia un árbol de múltiples troncos con una amplitud igual a su altura. Aunque las podas tempranas pueden estimular un hábito más arbóreo, sus hojas constituyen su atributo principal.

La forma y el color de las hojas se combinan para crear un follaje ornamental que resulta especialmente espectacular con una luz intensa (izquierda).

Fagus sylvatica «Purpurea Pendula»
Haya

Cat.: *Faig*

Eusk.: *Pagoa*

Gall.: *Faia*

Fagaceae

Las hojas son lustrosas, ovaladas y con los bordes ondulados y no dentados.

Los ejemplares que se cultivan en un lugar abierto (inferior) desarrollan una densa bóveda de follaje que llega hasta el suelo por todos los lados. Resultan especialmente efectivos delante de árboles de follaje pálido o brillante, como, por ejemplo, el tejo dorado.

<table>
<tr><td colspan="2">ficha descriptiva</td></tr>
<tr><td>altura</td><td>unos 2-5 m, dependiendo de la altura del injerto</td></tr>
<tr><td>rusticidad</td><td>zonas 5-7</td></tr>
<tr><td>exposición</td><td>pleno sol o sombra ligera</td></tr>
<tr><td>tipo de suelo</td><td>cualquiera, excepto los extremadamente secos o húmedos</td></tr>
<tr><td>pH del suelo</td><td>cualquiera</td></tr>
<tr><td>país de origen</td><td>sur y oeste de Europa</td></tr>
<tr><td>observación</td><td>tendencia a adquirir la forma no llorona</td></tr>
</table>

De entre las numerosas variedades cultivadas de haya común o europea, ésta es una de las pocas que resulta apropiadas para los jardines de reducidas dimensiones. Se trata de un árbol de escasa altura con una copa a modo de seta cuya parte péndula está injertada sobre un patrón de tronco recto. Este último adquiere entre 2 y 5 m, lo suficiente para permitir que las ramas, de hojas de un color púrpura intenso, formen una impresionante cascada de follaje que llega hasta el suelo. En invierno también resulta espectacular, ya que la ausencia de hojas revela un entramado de ramas descendentes. Tiene la ventaja adicional de ser muy tolerante a los tipos de suelo y valores de pH, aunque no resulta adecuado en los lugares susceptibles de sufrir sequías prolongadas. Al igual que ocurre con otras plantas injertadas, tiende a adquirir su forma habitual, lo que obliga a podar con rapidez cualquier brote erecto que ascienda desde la abovedada copa para evitar que este hábito se desarrolle.

En un jardín de reducidas dimensiones esta planta se convierte en característica del paisaje. Si su ubicación se elige con esmero, las combinaciones posibles con otras plantas y ornamentos de formas, colores y texturas contrastantes resultarán innumerables.

Nota: Esta variedad cultivada no debe confundirse con la forma «Pendula», un árbol de hojas verdes y de gran tamaño, poco apropiado para los jardines domésticos.

Las hojas nuevas (superior) varían de color entre el dorado, el bronce y el verde y se van tiñendo gradualmente de un tono púrpura con los años (izquierda). En otoño, las hojas a menudo se tornan rojizas.

Ficus carica
Higuera

Cat.: *Figuera*

Eusk.: *Bikondo, Biku*

Gall.: *Breveira, figueira*

Moraceae

Los frutos de la higuera son inicialmente verdes, aunque van adquiriendo un color púrpura o pardo a medida que se van desarrollando. La variedad cultivada «Brown Turkey» (superior) es autofértil –a diferencia de la forma silvestre de la especie, que debe ser polinizada por avispas para poder fructificar– y produce abundantes frutos.

Conocido, sobre todo, por sus frutos comestibles, este resistente arbolillo también es digno de consideración como ejemplar de jardín debido a su atractivo follaje. Aunque no es totalmente rústico en las zonas más frías, se desarrolla bien si se planta junto a una pared soleada, incluso cuando está enraizado en un suelo seco, rocoso y pobre. Puede alcanzar 10 m de altura, aunque, en ciertas ocasiones, es necesaria una estructura de soporte para mantener este tipo de porte. Sus hojas son caducas, carnosas y lobuladas y van acompañadas en verano por los frutos o higos que se van hinchando para pasar del color verde al pardo purpúreo. Si no se recogen, permanecen en la planta todo el invierno.

ficha descriptiva	
altura	hasta unos 10 m
rusticidad	zonas 7-11
exposición	pleno sol
tipo de suelo	cualquiera que no sea húmedo
pH del suelo	de moderadamente ácido a alcalino
país de origen	oeste de Asia
observación	la savia puede causar irritaciones en la piel

La higuera es una planta ideal para cultivar contra un enrejado o una espaldera en una pérgola, una terraza o cualquier otra zona recreativa del jardín. En las zonas costeras resulta muy apropiada como arbolillo protector, debido a su tolerancia al sol intenso y a las salpicaduras de agua salada.

Otros árboles

En Canarias y en las zonas de clima más suave de la península Ibérica y Baleares pueden cultivarse otras especies arbóreas de este gran género tropical. Entre las más comunes figuran *F. benghalensis*, originaria de la India, Pakistán y Bangladesh; *F. elastica*, del sur y sureste asiático; *F. sycomorus*, de la Península Arábiga y del este de África tropical; *F. lyrata*, del oeste de África tropical; *F. religiosa*, de Pakistán, la India, China, Taiwan y Tailandia, y *F. benjamina*, de la India, China, sureste asiático y norte de Australia.

Si se deja sin guiar, F. carica *(inferior derecha) suele formar un arbusto extendido con masas de follaje exuberante. Prospera en los suelos pobres y secos, que se encuentran a menudo cerca de las casas, y en zonas de clima fresco se desarrolla junto a un muro cálido.*

Las hojas, de color verde oscuro y profusamente lobuladas (superior), miden hasta 30 cm de longitud y de anchura y tienen el haz brillante. Además de ser hermosas por sí mismas, pueden combinarse de innumerables formas para contrastar con plantas de follaje más delicado.

Los frutos (superior) están constituidos por cápsulas verdes con 4 «alas» y un «pico» puntiagudo. Miden hasta 5 cm de longitud y penden en racimos a finales de verano y otoño.

Halesia tetraptera
(Halesia carolina)
Flor de nieve de Carolina
Styracaceae

Pese a su idoneidad para muchos tipos de jardín, esta hermosa especie continúa siendo poco habitual en cultivos. Su nombre común hace referencia a las flores de color blanco níveo que aparecen en primavera, al mismo tiempo que las hojas, y que cuelgan en racimos de las ramas. A principios de otoño produce unos atractivos frutos de color verde, adornados con 4 «alas» perfectamente visibles y que recorren toda su longitud.

Aunque no resulta especialmente destacable por su color otoñal, algunos años esta planta exhibe en esta época una sutil y hermosa tonalidad amarillenta. La flor de nieve de Carolina alcanza unos 10 m de altura, tiene una copa amplia y cónica y, en numerosas ocasiones, dispone de más de un tronco.

Se desarrolla mejor en los suelos húmedos y ácidos y se ha adaptado a la sombra parcial de otros árboles o a permanecer en pleno sol. Aunque no precisa poda, su altura se puede controlar después de la floración.

ficha descriptiva

altura	hasta unos 10 m
rusticidad	zonas 5-8
exposición	de pleno sol a sombra parcial
tipo de suelo	fértil, húmedo
pH del suelo	de neutro a ácido, desprovisto de cal
país de origen	sureste de EE.UU.

Otros árboles

Halesia monticola (flor de nieve de montaña) es una especie estrechamente emparentada que algunos consideran tan similar a *H. carolina* como para no merecer un estatus específico. *H. monticola* var. *vestita* es famosa por sus flores de mayor tamaño, a menudo teñidas de un color rosado. La variedad cultivada «Rosea» posee unas flores coloreadas de rosa pálido. *H. diptera* es una especie de menor tamaño y de porte más arbustivo, que se distingue por sus frutos con 2 alas en lugar de 4.

Las flores en forma de campana (izquierda) son blancas, y, a veces, poseen un tono rosado y anteras anaranjadas. Penden en racimos de la cara inferior de los brotes. Las hojas están finamente dentadas y el envés está cubierto por un fino pelo cuando son jóvenes.

Si no se poda, H. carolina *(izquierda) desarrolla de modo natural una forma elegante con ramas que se extienden hasta el suelo. La poda deberá limitarse a la eliminación de las ramas muertas, así como de las ramas que se cruzan. Las flores (derecha) aparecen más o menos al mismo tiempo que las hojas, de principios a mediados de primavera.*

Hoheria glabrata
Malvaceae

Las olorosas flores (superior) tienen 5 pétalos y aparecen en grupos desde principios de verano.

Este arbolillo o arbusto de grandes dimensiones y originario de Nueva Zelanda constituye una de las especies más resistentes de su género, aunque sólo resulta apropiado en zonas de clima suave y preferentemente húmedo, como las que imperan en algunas localidades mediterráneas. En los lugares donde se desarrolla, esta planta es muy decorativa, especialmente a principios de verano, momento en que sus ramas arqueadas están cargadas de flores que poseen un dulce aroma. Aunque a menudo se extiende ampliamente y forma múltiples troncos, es posible conferirle una forma más arbórea mediante la poda selectiva de algunos de estos tallos.

En el límite de su rusticidad, esta especie puede cultivarse con éxito si se planta contra una pared soleada o a la sombra parcial de árboles de follaje ligero. Necesita protección frente a los fríos vientos, sobre todo si son secos, y un suelo profundo y húmedo. Es especialmente apropiada para crecer junto a una terraza o un camino frecuentados, donde sus delicadas flores y hojas puedan apreciarse desde cerca.

Otros árboles

H. sexstylosa es una planta perennifolia, de rusticidad similar a *H. glabrata*. Sus flores poseen un tamaño menor, aunque no menos atractivo, y aparecen a finales de verano o

H. sexstylosa (superior) es una especie perennifolia que forma un árbol de varios troncos. Sus pequeñas flores aparecen en abundancia a partir de finales de verano.

principios de otoño. *H.* «Glory of Amlwch» es una forma cultivada del híbrido de ambas especies y un poco mayor y de porte más arbóreo que cualquiera de los progenitores. Puede tener hoja perenne o caduca dependiendo del clima, y es notable por sus grandes y abundantes flores.

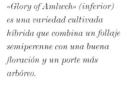

«Glory of Amlwch» (inferior) es una variedad cultivada híbrida que combina un follaje semiperenne con una buena floración y un porte más arbóreo.

ficha descriptiva

altura	hasta unos 8 m
rusticidad	zona 9
exposición	de pleno sol a sombra parcial
tipo de suelo	húmedo, adecuadamente drenado
pH del suelo	de moderadamente ácido a alcalino
país de origen	Nueva Zelanda
observación	requiere climas suaves y preferentemente húmedos

Ilex aquifolium
Acebo común

Cat.: *Boix grèvol*

Eusk.: *Gorostia*

Gall.: *Xando, xardón*

Aquifoliaceae

La combinación de hojas lustrosas y bayas de color rojo hace de I. aquifolium uno de los árboles de jardín con un interés invernal más irresistible. La corteza (inferior) es gris pálida y lisa, a menudo con interesantes protuberancias.

ficha descriptiva	
altura	hasta unos 10 m, variable en las variedades cultivadas
rusticidad	zona 6
exposición	de pleno sol a sombra parcial; las variedades cultivadas variegadas prefieren luminosidad
tipo de suelo	cualquier suelo húmedo y fértil
pH del suelo	de alcalino a ácido
país de origen	Europa, norte de África, oeste de Asia
observación	los minadores de las hojas son una plaga que debe tratarse tempranamente

El follaje lustroso y, a menudo, variegado de manera llamativa, así como las bayas de invierno de esta conocida perennifolia europea hacen de ella uno de los arbolillos de jardín más útiles para las zonas templadas y templadas frías. Aunque la especie puede alcanzar más de 15 m de altura, las plantas suelen tener un tamaño menor. Se trata de una planta propia de los lugares frescos y húmedos, que se desarrolla adecuadamente en una amplia gama de suelos, pero que no tolera la sequía ni los fríos extremos. En el centro y norte de Europa, el acebo se cultiva a menudo cerca del mar por su capacidad de resistir las inclemencias climáticas.

Su hábito perennifolio y sus hojas espinosas hacen que resulte especialmente apropiado para formar setos vivos, aunque es preciso realizar podas de formación en una fase temprana. Si no se poda, debido a su coloración y su contorno marcados, se convierte en un excelente ejemplar natural aislado. Al igual que la mayoría de los acebos, es dioico, lo que significa que tiene flores unisexuales distribuidas en plantas masculinas y femeninas. Para asegurar la polinización y la fructificación, cualquier hembra productora de bayas tiene que cultivarse a unos 30 m de una planta masculina. La de-

terminación del sexo de las plantas obtenidas a partir de semilla sólo puede verificarse tras varios años.

En la península Ibérica, el acebo es una especie que crece en los pisos montano y subalpino. En Canarias, en Madeira y en las Azores domina el acebiño, *I. canariensis*.

Otros árboles

Los cultivadores europeos han creado una larga y muy variable lista de variedades cultivadas. «Argentea Marginata» es una variedad femenina con el borde de las hojas de color blanco. «J. C. van Tol» tiene la ventaja de ser una variedad cultivada femenina autofértil, capaz de producir abundantes bayas sin el concurso de un macho. Asimismo, existen formas de bayas amarillas o de porte llorón, como «Bacciflava» y «Pendula», respectivamente.

Las hojas de «J. C. van Tol» (superior) carecen casi por completo de espinas. Las bayas van pasando del verde amarillento al rojo cuando maduran.

Los bordes foliares llamativamente variegados de «Argentea Marginata» resaltan todavía más gracias a los puntiagudos dientes. Cuando crece aislado en un lugar abierto, I. aquifolium (derecha) puede desarrollar una forma ancha y redondeada. Su follaje perenne y sus hermosas bayas hacen de él un árbol de gran valor por su interés invernal.

Ilex opaca
Acebo americano

Cat.: *Boix grèvol*

Eusk.: *Gorostia*

Gall.: *Xando, xardón*

Aquifoliaceae

Esta especie desempeña en el este de EE.UU., en jardinería, un papel similar al de *Ilex aquifolium* en Europa. Se considera un poco más rústico que este último y menos invasor en las regiones de América o de Oceanía, donde la proliferación de esta planta puede constituir un problema. Sus hojas espinosas y lustrosas, así como sus frutos rojos, son sus atributos principales, aunque muchas de sus numerosas formas producen árboles con una atractiva estructura cónica. Resulta muy apropiado para plantarlo en grupos de formas y colores foliares distintos, o bien para acompañar a árboles caducifolios ornamentales y aportar cierto interés invernal. Por desgracia, su lento crecimiento obliga a una larga espera para obtener un ejemplar de tamaño apreciable, lo que explica, en parte, la escasez de esta especie en nuestros jardines.

El acebo americano precisa un suelo ácido y húmedo e, incluso siendo muy resistente al frío, se ve afectado por los secos vientos invernales. Los insectos minadores pueden constituir un problema, ya que producen manchas foliares muy poco estéticas. Las hojas infectadas deberán eliminarse y destruirse cada primavera.

Otros árboles

En EE.UU., se han clasificado, según estimaciones, unas 1.000 formas cultivadas de esta especie. Muchas de ellas sólo pueden adquirirse en ciertas regiones, y algunas podrían estar más adaptadas que otras a unas condiciones climáticas concretas. «Canary» es una variedad cultivada de frutos amarillos desarrollada a partir de la forma *xanthocarpa*, que se encuentra en el comercio, así como en la naturaleza. «Stewart Silver Crown» tiene unas hojas con los bordes de color crema, produce abundantes bayas y no suele

Las hojas, perennes y espinosas, alcanzan unos 10 cm de longitud. Tienen el haz verde mate, a menudo con un dibujo de venas ligeramente variegado.

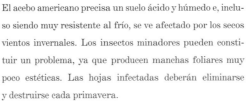

El denso follaje perenne (izquierda) sirve como pantalla protectora. Los árboles deben podarse regularmente para formar un seto.

Las bayas pueden adquirir casi 1 cm de diámetro y su color cambia dependiendo de la variedad cultivada. Las de la especie (superior) empiezan siendo amarillas o anaranjadas y se tornan rojizas cuando maduran.

I. opaca forma una copa característica de follaje oscuro (derecha), piramidal o en columna ancha, y que resulta ideal como fondo para plantas decorativas de tamaño más reducido.

sobrepasar los 6 m de altura. «Jersey Princess» y «Croonenburg» poseen gran fama debido a su producción de bayas, y el segundo de ellos es autofértil. «Howard» es una planta casi carente de espinas y con un hábito columnar.

ficha descriptiva

altura	10-15 m, de crecimiento lento (la mayoría de las variedades cultivadas, mucho menos)
rusticidad	zonas 5-9
exposición	pleno sol o sombra ligera
tipo de suelo	húmedo, adecuadamente drenado
pH del suelo	ácido
país de origen	este y centro de EE.UU.

Juniperus scopulorum
Enebro
Cupressaceae

Los enebros constituyen uno de los grupos de coníferas más útiles en jardinería. Esta especie es un buen ejemplo de ello, gracias a su fuerte contorno simétrico y su follaje perenne que la hace interesante durante todo el año. En la mayoría de los jardines se observa como una de las múltiples variedades cultivadas creadas para explotar la diversidad natural de la especie en cuanto a forma, coloración y textura del follaje. La especie crece hasta unos 12 m de altura, con una forma estrecha y cónica que le permite desarrollarse en espacios reducidos. Su corteza es de color pardo rojizo y posee una tendencia a desprenderse en tiras con el tiempo, lo que la hace todavía más interesante.

Al igual que otros enebros, *Juniperus scopulorum* tolera a la perfección los suelos alcalinos y, debido a su origen montano, es muy robusto. Tiene el inconveniente de ser propenso a algunas de las enfermedades características de los enebros, entre ellas *Phomopsis*.

El follaje forma unas ramas irregulares compuestas por diminutas hojas a modo de escamas y muy aplicadas a los brotes.

ficha descriptiva

altura	hasta unos 12 m; en las variedades cultivadas oscila de forma descendente hasta los enanos
rusticidad	zonas 3-7
exposición	pleno sol o sombra ligera
tipo de suelo	adecuadamente drenado
pH del suelo	muy tolerante
país de origen	oeste de Norteamérica
observación	propenso a enfermedades

Otros árboles

Algunas especies del género *Juniperus* han dado lugar a un gran número de variedades cultivadas que ofrecen a los paisajistas una amplia gama de colores y formas. *J. scopulorum* «Skyrocket» es una de las variedades cultivadas más conocidas, cuyo nombre hace referencia a su forma erecta y muy estrecha que alcanza poco más de 5 m de altura. El mucho menos común «Blue Heaven» alcanza una altura similar, tiene una forma cónica más ancha y resulta especialmente notable por su llamativo follaje azul. Todavía más extraña es la variedad cultivada «Tolleson's Weeping», que contrasta con las anteriores por su hábito abierto e irregular y su follaje filiforme y de color azul plateado. Más formal es, en cambio, y también mucho más común en España, el enebro irlandés, *J. communis* «Hibernica», una variedad cultivada del enebro común que forma una columna densa y uniforme de unos 4 m de altura.

El follaje perenne varía mucho en color, desde el verde oscuro hasta el gris azulado. Esta última tonalidad (izquierda) hace resaltar aún más la inusitada forma del árbol.

J. scopulorum «Skyrocket» (izquierda), cuyos ejemplares totalmente desarrollados apenas superan 1 m de anchura, hace honor a su nombre que, en inglés, significa «cohete».

Koelreuteria paniculata
Jabonero de la China, árbol de los farolitos o calacú
Sapindaceae

Aunque a menudo pasa inadvertido como planta de jardín, este pequeño árbol ofrece una magnífica combinación de deslumbrantes flores, inusuales frutos y hermoso follaje. Sus panículas de flores amarillas aparecen entre finales de primavera y principios de verano y algunos años son tan numerosas que llegan a ocultar casi por completo las hojas. Las flores generan unos frutos sorprendentemente grandes en forma de farolillo que cambian gradualmente del color verde amarillento al amarillo y, finalmente, al pardo. Las hojas adquieren, a veces, una tonalidad amarillenta en otoño, aunque también es frecuente que se caigan antes de haber cambiado de color. Este árbol alcanza unos 12 m de altura, por lo general con un tronco único que soporta una copa ancha y redondeada.

Aunque tolera el calor, la sequía y toda una serie de suelos no ideales, se desarrolla mejor y crece con mayor rapidez en un suelo fértil, con un drenaje adecuado y con un pH moderado. Es muy resistente al frío, aunque florece mejor en climas cálidos y soleados, mientras que en un emplazamiento a la sombra puede llegar a secarse. En las plantas jóvenes pueden realizarse podas ligeras para estimular el crecimiento de una guía central y favorecer una forma erecta, aunque en los árboles más viejos se podará lo menos posible. El jabonero de la China resulta excelente como árbol aislado en un césped o en el centro de una zona pavimentada, pero también es muy apropiado en alineaciones de calles con aceras no demasiado anchas.

Otros árboles

La variedad cultivada más conocida y común es «Fastigiata». Crece con más lentitud que la especie y forma un árbol columnar de unos 8 m de altura. Aunque es extraño incluso en la «muy jardinera» Gran Bretaña, es posible obtenerlo en algunos viveros europeos especializados. «September Gold» es una forma norteamericana que florece a principios de otoño y se considera menos resistente al frío que la especie.

Las hojas son pinnadas, con 11 o 13 foliolos profundamente lobulados. Se abren hacia mediados de primavera, suelen estar matizadas de rojo cuando son jóvenes y van adquiriendo poco a poco un color verde oscuro y mate. En otoño se tornan amarillentas, anaranjadas y rojizas. Las flores aparecen hacia finales de primavera y pricipios de verano y, posteriormente, desarrollan unos frutos en forma de vejiga (superior). Las cápsulas de 3 lados están brillantemente coloreadas de verde y de rojo cuando son jóvenes y se tornan de color pardo amarillento al madurar.

ficha descriptiva

altura	hasta unos 8-12 m
rusticidad	zonas 5-9 («September Gold», 6-9)
exposición	pleno sol
tipo de suelo	adecuadamente drenado
pH del suelo	de ácido a alcalino
país de origen	China

La corteza es de color gris o marrón pálido, con un atractivo dibujo de fisuras poco profundas.

K. paniculata suele desarrollarse con un único tronco principal y una copa ancha y abierta. Es preferible cultivarla en un lugar abierto y a pleno sol para favorecer la floración.

Laburnum × *watereri*
Codeso
Leguminosae

Las hojas papilionáceas de la
lluvia de oro, L. anagyroides,
nacen en largos racimos
cilíndricos hacia finales
de primavera.

Esta planta de jardín, resistente y fiable, es un híbrido de la lluvia de oro, *L. anagyroides*, y el codeso de los Alpes, *L. alpinum*. Tiene un hábito erecto, a menudo posee varios troncos y ramas ampliamente arqueadas de las que, hacia finales de primavera, cuelgan abundantes racimos de flores papilionáceas que desprenden una suave fragancia. Es fácil guiarlo sobre un enrejado dispuesto encima de una terraza, pérgola o camino, donde además de proporcionar sombra alegrará la vista con sus abundantes flores. A diferencia de las especies parentales, este híbrido produce muy pocas semillas venenosas que desaconsejan el uso de los codesos en lugares frecuentados por niños.

Se trata de una planta útil para cultivar en suelos pobres, secos y poco profundos, en especial sobre caliza, donde pocos árboles consiguen sobrevivir. Aunque su longevidad es escasa (unos 15 a 20 años), arraiga y crece con rapidez, de modo que se considera uno de los árboles más fiables para florecer año tras año. Por desgracia, su floración es relativamente efímera (de 2 a 3 semanas), con lo que es preferible combinar esta planta con otras que resulten de interés en otras épocas.

Otros árboles

La forma más común (como mínimo en Gran Bretaña) y, probablemente, la mejor, es «Vossii». Sus abundantes flores se encuentran agrupadas en racimos cuya longitud supera a menudo los 50 cm. Las especies parentales (*L. anagyroides* y *L. alpinum*) han dado lugar a diversas variedades cultivadas. De especial interés resultan las variedades péndulas de cada una de ellas, que constituyen árboles en forma de bóveda baja y reciben el nombre de «Pendulum». *L. anagyroides* «Aureum» constituye una selección extraña en algunos países y exhibe hojas amarillas durante el verano; es muy hermosa, pero tiende a adquirir un color verde.

Hacia finales de primavera, las ramas anchas y horizontales se
llenan de flores. Los árboles cultivados en espacios más reducidos
pueden podarse hasta conseguir una forma más estrecha, o bien
guiarse sobre un enrejado o arco.

«Vossii» (izquierda) es una variedad cultivada de
Laburnum x watereri, seleccionada por sus largos racimos
de flores. Las hojas poseen tres foliolos de color verde mate.

ficha descriptiva

altura	hasta unos 6 m
rusticidad	zonas 5-7
exposición	pleno sol
tipo de suelo	muy tolerante
pH del suelo	de alcalino a moderadamente ácido
país de origen	híbrido (más de un país)
observación	la totalidad de la planta es venenosa

Para los jardines con problemas de espacio, L. alpinum
«Pendulum» *es un árbol muy pequeño y llorón, con una
pulcra forma de seta.*

*La corteza (izquierda) es de
color gris oscuro y lisa. Los
árboles más viejos desarrollan
crestas y fisuras poco
profundas.*

91

Las flores típicas son rosadas y se agrupan en grandes panículas en los extremos de los brotes.

Lagerstroemia indica
Árbol de Júpiter

Lythraceae

También denominada lila de verano, ésta, junto con sus numerosas variedades cultivadas y formas híbridas, desempeña en muchas zonas de clima suave un papel similar al que tiene el lilo (*Syringa vulgaris*) en otras zonas más frías de Europa. Como especie, se trata de un árbol de escasas dimensiones, con flores rosadas y una corteza que se desprende en escamas moteadas de distintos colores. Las flores aparecen en los nuevos brotes entre verano y otoño. Las hojas, que en verano no son demasiado vistosas, ofrecen a menudo un atractivo color otoñal. El árbol de Júpiter requiere un clima suave y soleado, sobre todo para su floración. También puede desarrollarse en zonas más frescas, aunque entonces requiere la protección de una pared cálida; como alternativa, en estas zonas pueden cultivarse formas arbustivas en macetas, que durante el invierno se deberán mantener en un invernadero.

Existe un gran debate sobre el mejor régimen de poda de los árboles de Júpiter. La mayoría de los cultivadores consideran que una poda ligera después de la floración, en otoño y en invierno, favorece los brotes jóvenes, así como una abundante floración durante la siguiente estación. Una poda demasiado agresiva da como resultado una planta deforme, por lo que deberá evitarse. Un problema importante en el cultivo de esta especie es su propensión al mildiu.

ficha descriptiva

altura	unos 6-10 m; variedades cultivadas, desde enanas hasta tamaño normal
rusticidad	zonas 6-9
exposición	pleno sol
tipo de suelo	adecuadamente drenado y algo húmedo
pH del suelo	de ácido a alcalino
país de origen	Corea y China
observación	florece en zonas con veranos calurosos e inviernos suaves

Existen numerosas variedades cultivadas disponibles que ofrecen un número impresionante de colores florales, incluido el blanco (superior). En zonas soleadas y de clima suave, siempre que el suelo conserve cierta humedad, así como en lugares protegidos y soleados en zonas más frescas (izquierda), la floración es abundante y espectacular.

Las variedades cultivadas del género Lagerstroemia *están en su máximo esplendor entre verano y otoño, cuando sus ramas se llenan de flores. Más tarde, las hojas proporcionarán un impresionante color otoñal.*

La corteza (inferior) tiende a desprenderse en escamas, incluso en las plantas jóvenes, y varía mucho en coloración, especialmente entre las numerosas variedades cultivadas híbridas.

Otros árboles

Existen centenares de variedades cultivadas del árbol de Júpiter disponibles en los centros de jardinería de distintos países. El mayor avance en la producción de variedades tuvo lugar en la década de 1950, cuando la especie resistente al mildiu, *L. fauriei*, introducida en EE.UU. desde Japón, se hibridó con *L. indica*, lo que motivó de nuevo el interés de los productores de variedades. Las variedades cultivadas del híbrido *L. indica* x *L. fauriei* ofrecen actualmente una gran gama de tamaños, formas y colores, de modo que resulta necesario recurrir a un libro especializado para hacerles justicia (*véase* pág. 172). En lo que respecta a las formas arbóreas de pequeño tamaño, «Natchez» tiene flores blancas y la corteza de color herrumbroso, mientras que la aún menos común «Miami» posee unas flores con una delicada tonalidad rosa coral y una corteza marrón oscura.

Los frutos (superior) miden casi 1 cm de largo y se oscurecen desde una tonalidad verde azulada hasta el color casi negro.

Ligustrum lucidum
Aligustre, aligustre arbóreo, aligustre de la China

Cat.: *Olivereta, olivella*

Eusk.: *Xuandor*

Gall.: *Alfaneira, fiafeira, filseira*

Oleaceae

La mayoría de los aligustres son arbustos de tamaño reducido, a menudo perfectamente perfilados como setos vivos o pantallas visuales. Esta especie puede alcanzar los 12 m de altura o incluso más si su emplazamiento es el adecuado. Sus hojas perennes y lustrosas, dispuestas en una copa ancha y redondeada, se engalanan en verano con panículas de fragantes flores blancas. Con frecuencia, persisten durante un tiempo considerable y, finalmente, generan unas bayas de color púrpura negruzco. Al igual que sus parientes

ficha descriptiva	
altura	unos 8-12 m
rusticidad	zonas 8-10
exposición	de pleno sol a sombra parcial
tipo de suelo	cualquiera
pH del suelo	de ácido a alcalino, incluidos los suelos someros sobre creta
país de origen	China

de menor tamaño, tolera a la perfección la actividad frenética de la vida urbana. Los árboles más viejos a menudo desarrollan un atractivo tronco estriado.

Otros árboles

Dos variedades cultivadas de *L. lucidum* merecen incluirse. «Excelsum Superbum», con hojas moteadas de un color verde pálido y con los bordes amarillo crema, requiere protección contra los fríos vientos. Las hojas de «Tricolor» son más estrechas y con los bordes rosados cuando son jóvenes, aunque luego su color se torna gradualmente amarillo. *L. japonicum* (aligustre del Japón) es una especie más pequeña, arbustiva y con exuberantes hojas perennes. Resulta muy apropiada para formar pantallas visuales y ha dado lugar a numerosas variedades cultivadas en EE.UU.

La variedad cultivada «Excelsum superbum» (izquierda) es similar a la especie originaria en cuanto a forma y tamaño, aunque tiene unas atractivas hojas variegadas. Las pequeñas flores blancas (inferior) son muy fragantes y están dispuestas en panículas cónicas en los extremos de los brotes. Las hojas perennes son de color bronce cuando se abren, pero luego se tornan de color verde oscuro y lustrosas.

Maackia amurensis
Maackia del Amur
Leguminosae

E ste árbol, emparentado con especies del género *Cladrastis*, es poco común a excepción de en los jardines botánicos, aunque el hecho de incluirlo en las plantas que se observan comúnmente en jardines y calles sería, sin duda, un acierto. Aunque no resulta en absoluto espectacular, constituye un atractivo arbolillo con la copa redondeada y el tronco perfectamente visible. Las hojas son pinnadas con un color verde pálido y pulverulento cuando se abren, aunque se van oscureciendo gradualmente a medida que van madurando. A finales de primavera o principios de verano aparecen flores de suave fragancia, dispuestas en racimos densos y erectos. La corteza de los árboles jóvenes es de un color marrón brillante intenso, aunque se torna más áspera y se exfolia con el paso del tiempo. Esta especie se desarrolla en la mayoría de los suelos fértiles y húmedos y prefiere los lugares abiertos y soleados.

Las hojas son pinnadas y poseen de 9 a 13 foliolos que, con el paso del tiempo, adquieren una tonalidad verde mate.

Otros árboles

Otra especie que se cultiva comúnmente es *M. chinensis*. No se diferencia demasiado de *M. amurensis*, aunque se considera menos robusta (zonas 4-7).

M. amurensis (superior) forma habitualmente un árbol erecto con una copa ancha. Puede cultivarse solo o bien combinado con otras especies de follaje y épocas de floración diferentes.

La corteza es de color pardo rojizo, con lenticelas conspicuas. En los árboles antiguos adquiere una textura atractiva y se desprende en tiras.

Las flores blancas salen a finales de primavera o principios de verano en panículas erectas. Cada una de ellas mide menos de 1 cm de longitud y forma una estructura papilionácea.

ficha descriptiva

altura	hasta unos 8 m
rusticidad	zonas 3-7
exposición	pleno sol
tipo de suelo	húmedo, adecuadamente drenado
pH del suelo	de moderadamente ácido a alcalino
país de origen	Manchuria

Magnolia grandiflora
Magnolia

Cat.: *Magnòlia*

Magnoliaceae

Las hojas de todas las formas muestran un marcado contraste entre el haz, de un color verde lustroso, y el envés, más pálido y, a menudo, pubescente.

Pocos jardines domésticos son lo suficientemente grandes para albergar un ejemplar totalmente desarrollado de este árbol; no obstante, se ha decidido incluir en este libro por sus variedades cultivadas más pequeñas, las cuales muestran los mejores atributos de la especie a una escala más manejable. Todas ellas son perennifolias, con flores de color blanco crema que surgen de conspicuos capullos sedosos. El tiempo de floración varía en gran medida dependiendo del clima; de este modo, en países más fríos puede producirse hasta el otoño, mientras que en los de clima templado suele extenderse desde finales de primavera hasta principios de verano. Al cultivarse por injerto, empiezan a florecer antes que las plantas desarrolladas a partir de semillas, de modo que algunas variedades cultivadas poseen flores mucho antes de los 15 o 20 años necesarios para la floración de la especie.

Las flores producen unos frutos lanudos que se abren en otoño, momento en que muestran las semillas de color rojo brillante. Estas plantas se desarrollan mejor en los suelos frescos, profundos, húmedos, adecuadamente drenados y libres de cal, aunque pueden tolerar una alcalinidad moderada.

En su clima originario del sureste de EE.UU., este árbol prospera en todas sus formas, aunque también crece bien en zonas situadas más al norte, siempre que se le proporcione la protección adecuada. En estas zonas más frías, con frecuencia se encuentra contra una pared, aunque también es capaz de crecer sin soporte alguno.

Otros árboles

Las siguientes variedades cultivadas forman árboles de pequeño tamaño que resultan apropiados para los jardines de modestas dimensiones. «Little Gem» constituye una selección norteamericana de crecimiento lento, con una forma estrecha y erecta. Sus hojas tienen el haz lustroso y el envés pubescente y de color pardo herrumbroso. Tanto las hojas como las flores son menores que las de la especie. Otra variedad norteamericana, «Victoria», alcanza mayor altura y tiene unas flores y hojas comparables a las de la especie; esta variedad se considera una de las formas que resiste mejor el frío. «Goliath» tiene flores que rivalizan con las de la especie, aunque aparecen en una época mucho más temprana; sus hojas son más cortas y anchas y no tienen el envés de color pardo.

ficha descriptiva

altura	variedades cultivadas, unos 4-10 m
rusticidad	zonas 7-9 («Victoria», 6-9)
exposición	de pleno sol a sombra parcial
tipo de suelo	húmedo, profundo y adecuadamente drenado
pH del suelo	de ácido a moderadamente alcalino
país de origen	sureste de EE.UU.

La corteza (extremo derecha) es de color gris pálido y se exfolia en escamas con el paso del tiempo.

Las fragantes flores (derecha) tienen forma de copa y se van abriendo gradualmente hasta formar anchos platillos de hasta 30 cm de diámetro. Las hojas, perennes y lustrosas, son gruesas y coriáceas y varían de tamaño de una especie cultivada a otra.

En clima más fríos, M. grandiflora *puede cultivarse contra la pared de una casa (superior) para proporcionarle protección y soporte. Para la mayoría de los jardines, las pequeñas variedades cultivadas constituyen una opción mejor.*

La variedad cultivada «Ferruginea» (izquierda) es una forma compacta con flores típicas, aunque las hojas tienen el envés cubierto de una densa pubescencia de color pardo herrumbroso.

Magnolia × soulangiana
Magnolia de Soulange

Cat.: *Magnòlia*

Magnoliaceae

La forma de las flores oscila desde la taza cerrada hasta el platillo ancho. Tienen tépalos en lugar de pétalos, y sépalos perfectamente diferenciados. Los tépalos son blancos y poseen un color rosado hacia la base.

Se trata, probablemente, de la magnolia más apropiada para los pequeños jardines, sobre todo en los climas templados y fríos, y su popularidad es bien merecida. Este híbrido combina, en efecto, unas flores y un follaje de gran belleza con la capacidad de prosperar en una amplia gama de condiciones. Forma un arbusto de gran tamaño o un árbol amplio y, a menudo, con varios troncos, cuya altura varía en gran medida, pero que suele alcanzar los 10 m. Florece de un modo fiable desde etapas tempranas y sus grandes y fragantes flores aparecen a finales de invierno o principios de primavera, antes que las hojas. Tienen forma de copa ancha y su color oscila del blanco al rosado.

A diferencia de las especies parentales (que requieren un suelo ácido), tolera los suelos arcillosos pesados e incluso los suelos poco profundos y alcalinos, y es robusta en todos los climas, excepto en los más fríos. Con las formas arbóreas se obtienen hermosos ejemplares aislados. Las formas más arbustivas y con múltiples troncos son especialmente efectivas si se plantan en grandes grupos de una sola variedad.

ficha descriptiva

altura	unos 4-10 m
rusticidad	zonas 4-9
exposición	pleno sol o sombra ligera
tipo de suelo	muy tolerante
pH del suelo	de ácido a moderadamente alcalino
país de origen	cultivada por primera vez en Francia

Otros árboles

Esta planta se obtuvo por primera vez en Francia, hacia 1820, a partir de un cruce. El clon original recibió el nombre de «Etienne Soulange-Boudin», forma que suele denominarse como el híbrido. Sin embargo, la variabilidad de este cruce ha permitido que los productores de variedades seleccionaran y nombraran otras muchas variedades cultivadas que se diferencian, sobre todo, por el color, la forma y la época de floración. «Alexandrina» es una de las formas más resistentes al frío y sus flores en forma de tulipán son blancas con la base de color púrpura. «Brozzoni» es una de las variedades cultivadas cuya floración es tardía, y sus flores de color blanco casi inmaculado persisten durante más tiempo en el árbol que en cualquier otra variedad. «Lennei» es un arbusto ancho, amplio y con varios troncos, cuyas flores bicolor son de una tonalidad púrpura rosada en el exterior y blanco crema en el interior; esta variedad cultivada crece con rapidez y florece tarde. «Grace McDade» es una selección norteamericana de gran fama debido al importante tamaño de las flores, que poseen un diámetro de más de 30 cm. Una de las primeras en florecer es «Alba Superba», un clon popular en diversos países europeos con flores de un color blanco casi inmaculado.

«Alba Superba» (superior) es un clon de floración temprana que posee flores de un agradable olor y de un color blanco inmaculado. Las flores de «Alexandrina» (derecha) poseen la base de color púrpura.

La corteza es lisa y gris y, a menudo, está recubierta por algas y líquenes.

La mayoría de las plantas desarrolla una forma redondeada y amplia, con diversos troncos y unas importantes ramas. A finales de invierno o principios de primavera (superior), las ramas, todavía sin hojas, se llenan de flores.

Al abrirse, las flores revelan elementos tanto masculinos como femeninos (derecha). Más tarde, dan lugar a unos frutos nudosos que, cuando maduran, pasan del color verde al rosado.

Magnolia stellata
Magnolia estrellada

Cat.: *Magnòlia*

Magnoliaceae

Las hojas, relativamente pequeñas para una magnolia, tienen el haz oscuro y el envés más pálido. Los frutos son nudosos y de verdes se tornan rojizos.

Para quienes posean un jardín de dimensiones muy modestas, pero no renuncian a poseer una magnolia, esta especie es ideal. Es, a la vez, pequeña y de crecimiento lento; no suele sobrepasar los 3 m de altura y su anchura es similar. Sus deslumbrantes flores blancas salen en primavera de unos vistosos capullos lanosos que compensan ampliamente sus modestas dimensiones; además, tienden a abrirse de forma progresiva, hecho que alarga el período de floración hasta más de 2 semanas. Aunque se trata de una de las magnolias más robustas, sus tempranas flores pueden dañarse con las heladas tardías, lo que obliga a proporcionar cierta protección al árbol. La magnolia estrellada prefiere los suelos ácidos o neutros, aunque tolera cierto grado de alcalinidad y, siempre que el suelo no pierda la humedad, es más susceptible de sobrevivir a los períodos secos y calurosos que otras muchas especies. En Gran Bretaña, así como en otros países europeos, es común en los jardines de la entrada de las casas.

Otros árboles

En países situados más al norte se comercializan numerosas variedades cultivadas. «Centennial» es más erecta y de crecimiento más rápido que la especie, y sus flores de color blanco inmaculado tienen de 25 a 32 largos tépalos; su nombre conmemora el centenario del Arnold Arboretum de Boston. «Water Lily» es una forma japonesa cuyas flores blancas de múltiples pétalos son fragantes. Se ha seleccionado también una serie de variedades cultivadas de flores rosadas, entre las cuales «Rosea» es la más conocida.

Las flores de la variedad cultivada «Rosea» (inferior) tienen un matiz rosado pálido.

Las flores más comunes son de color blanco inmaculado y poseen numerosos tépalos estrechos. Aparecen en primavera y las heladas tardías pueden dañarlas.

«Centennial» (izquierda) es una selección que se cultiva por sus flores poco usuales. Posee una forma más erecta que la especie.

ficha descriptiva

altura	hasta unos 4 m
rusticidad	zonas 4-8
exposición	de pleno sol a sombra parcial
tipo de suelo	fértil, algo húmedo y adecuadamente drenado
pH del suelo	de ácido a moderadamente alcalino
país de origen	Japón

Por sus dimensiones modestas, M. stellata (derecha) constituye una de las mejores magnolias para los pequeños jardines. Suele tener varios troncos y una copa ancha y redondeada.

Malus floribunda
Manzano japonés

Cat.: *Pomera japonesa*

Eusk.: *Sagarron doa*

Gall.: *Maceira*

Rosaceae

Las flores poseen 5 pétalos y pasan del color rosado al blanco. Aparecen hacia principios de primavera junto con las pequeñas y finamente dentadas hojas.

ficha descriptiva	
altura	hasta unos 6 m
rusticidad	zonas 4-8
exposición	pleno sol (preferible) o sombra ligera
tipo de suelo	bastante fértil, adecuadamente drenado
pH del suelo	moderadamente alcalino o ácido
país de origen	Japón
observación	propenso a las enfermedades de los manzanos

Pese a su amplia historia como planta de cultivo, este antiguo ejemplar, favorito de los jardines, todavía puede competir con la lista cada vez más extensa de variedades de manzanos silvestres ornamentales. Especialmente adecuado para el pequeño jardín, combina un tamaño y una forma compactas con la facilidad de cultivo y la resistencia a las enfermedades. Forma un árbol pequeño, por lo general de un solo tronco, con una copa abovedada o en forma de paraguas, a menudo más ancha que su altura, que puede alcanzar los 6 m. Las flores salen de unos capullos carmesíes hacia principios de primavera y, aunque inicialmente son rosadas, muy pronto se tornan blancas; en su momento álgido, se aglutinan a lo largo de las ramas y las cubren casi por completo. Los frutos son manzanas en miniatura de un color amarillo brillante, a menudo teñidas, en mayor o menor medida, de una tonalidad rosada o rojiza.

Al igual que otros manzanos silvestres, prefiere un suelo razonablemente fértil y un emplazamiento soleado. No se desarrolla adecuadamente si el suelo es demasiado húmedo y su floración puede ser menos abundante si es excesivamente

fértil. Pese a ello, no es inmune al fuego bacteriano, a las cochinillas y al moteado del manzano (*Venturia inaequalis*).

Otros árboles

Esta especie suele considerarse un híbrido de origen desconocido que se ha visto favorecida por sus cualidades hortícolas. La popularidad de los manzanos silvestres de flor en jardinería se ha traducido en una larga serie de híbridos y variedades cultivadas. *Malus* «Centurion» puede alcanzar los 6 m, tiene un hábito erecto, flores rosadas y pequeños frutos de color rojo cereza. «Sugar Tyme» y «Donald Wyman» poseen flores blancas y frutos rojos que duran hasta bien entrado el invierno. «Golden Hornet» es una variedad cultivada bastante antigua, aunque todavía se considera una de las mejores para la producción de abundantes manzanas amarillas. Todas estas formas ofrecen bastante resistencia a las enfermedades.

M. «Golden Hornet» es una variedad cultivada antigua, pero todavía popular, cuyas flores poseen cierta tonalidad rosada. Sus frutos (superior) pueden medir hasta 2,5 cm de diámetro y son de un color amarillo intenso. Aparecen en gran abundancia (derecha) y persisten durante mucho tiempo.

El árbol típico (página siguiente) posee un tronco único que soporta una copa redondeada con ramas oscuras y angulosas. Su pulcro contorno y su despejado tronco hacen de él un árbol apropiado para el césped o un espacio limitado.

Malus hupehensis
Manzano

Cat.: *Pomera*

Eusk.: *Sagarrondoa*

Gall.: *Maceira*

Rosaceae

Las pequeñas manzanas (superior) miden menos de 1 cm de diámetro. Suelen pasar del color verde al rojo intenso (a veces amarillo) y permanecer durante mucho tiempo después de que se hayan caído las hojas. Las fragantes flores (inferior) se asemejan a tazas abiertas de color blanco que aparecen en grupos laxos.

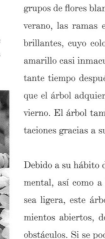

M. sargentii *(izquierda) forma un árbol bajo y amplio, adecuado para los jardines de tamaño muy reducido. Produce un gran número de flores blancas con las anteras amarillas. La corteza (derecha) se torna cada vez más fisurada con el paso del tiempo; su superficie es de color marrón oscuro, y, a veces, se exfolia, lo que muestra la capa inferior de un color pardo herrumbroso.*

ficha descriptiva	
altura	hasta unos 10 m
rusticidad	zonas 4-8
exposición	pleno sol (preferible) o sombra ligera
tipo de suelo	fértil, adecuadamente drenado
pH del suelo	de moderadamente ácido a alcalino
país de origen	China, Japón
observación	propenso al fuego bacteriano

Aunque en muchos aspectos resulta similar a *Malus floribunda*, esta especie suele ser un árbol de mayor altura, cuyas ramas ascendentes forman una copa más abierta e irregular. Con las hojas de este árbol, que se empieza a comercializar en países como España; en China, de donde es originario, se elabora una conocida infusión. Los capullos de color rosado se abren en primavera para formar grupos de flores blancas con largos cabillos. Hacia finales de verano, las ramas están cubiertas de pequeñas manzanas brillantes, cuyo color varía desde el rojo cereza intenso al amarillo casi inmaculado. A menudo persisten durante bastante tiempo después de la caída de las hojas, lo que hace que el árbol adquiera interés en otoño y a principios de invierno. El árbol también se ve realzado a lo largo de las estaciones gracias a su atractiva corteza marrón y gris.

Debido a su hábito de extenderse y de cultivarse como ornamental, así como a la aversión a cualquier sombra que no sea ligera, este árbol resulta apropiado para los emplazamientos abiertos, donde sus ramas pueden extenderse sin obstáculos. Si se poda para extraer las ramas desordenadas o excesivamente largas, conviene hacerlo en verano. Este manzano necesita un suelo perfectamente drenado, aunque sólo requiere una fertilidad moderada. Es menos resistente al fuego bacteriano que otros ejemplares y variedades de cultivo, de modo que no se recomienda cultivarlo en zonas donde esta enfermedad constituya un problema importante.

Otros árboles

Las variedades cultivadas más comunes en Europa son «Rosea», con flores de un color rosa pálido, y «Cardinal».

Malus sargentii es un arbolillo o arbusto de gran tamaño cuya altura, de unos 3 m, suele ser ampliamente superada por la anchura. Tiene flores blancas y frutos rojos a modo de guisante que persisten en otoño. Tiene fama de ser muy resistente a las enfermedades. Cuando las limitaciones de espacio son extremas, la variedad cultivada «Tina» ofrece un tamaño menor, ya que no sobrepasa 1,5 m de altura.

Desde una época temprana, estos manzanos desarrollan una copa amplia y abierta que deja mucho espacio para las flores.

Morus nigra
Morera negra o moral

Cat.: *Morera negra*

Eusk.: *Mazuzta, mazuza*

Gall.: *Moreira negra*

Moraceae

Los frutos al madurar pasan del color verde al rojo oscuro y poseen un sabor excelente. Se disponen cerca de los tallos en pequeños racimos.

ficha descriptiva	
altura	hasta unos 10 m (*M. alba*, 15 m)
rusticidad	zona 6 (*M. alba*, 4-8)
exposición	pleno sol o sombra parcial
tipo de suelo	fértil y adecuadamente drenado
pH del suelo	muy tolerante
país de origen	Asia occidental

Pocos árboles poseen tanto carácter como un ejemplar adecuadamente desarrollado de esta especie procedente del oeste de Asia. Es algo menor y menos robusta que su homóloga china, la morera blanca (*Morus alba*), aunque produce unos frutos más sabrosos y de mayor calidad. Rara vez supera los 10 m de altura y sus ramas extendidas adquieren una anchura similar y forman una copa amplia y redondeada. La corteza no tarda en tornarse áspera, con fisuras retorcidas, lo que confiere al árbol un aspecto todavía más antiguo. Sus abundantes frutos, que son similares a las frambuesas, resultan excelentes tanto frescos como en mermeladas y jaleas. Vale la pena recolectarlos, aunque sólo sea para evitar las manchas que producen en el suelo cuando caen. Las hojas, que son grandes y caducas, no son atacadas por los insectos u otras plagas; además, proporcionan una importante sombra.

Aunque se desarrolla especialmente bien en los suelos ricos y adecuadamente drenados, la morera negra tolera la contaminación urbana, así como las salpicaduras de sal con la que se deshiela las calzadas en las zonas más frías. Asimismo, es bastante apreciada por su longevidad. Al igual que otras especies de moreras, se propaga fácilmente por esquejes que se plantan directamente en el suelo.

Otros árboles

Para los climas más fríos (zona 5 o inferior) y, si el espacio lo permite, la morera blanca o común (*Morus alba*) resulta un árbol más apropiado. Este árbol, que también tolera el calor, alcanza una altura de unos 15 m aunque, a diferencia de *M. nigra*, dispone de una serie de variedades cultivadas más adecuadas para los pequeños jardines. «Pendula» forma un arbusto muy pequeño y abovedado, con una copa de ramas colgantes. Si se desea una forma similar, pero sin el problema de las moras que caen, «Chaparral» y «Urbana» son variedades cultivadas que no fructifican. También existen otras formas estériles, entre ellas «Stripling». Para su uso en calles, las formas estériles son, sin duda, las más apropiadas, ya que no producen los molestos frutos que ensucian las aceras.

Las hojas, que poseen forma de corazón, alcanzan los 15 cm de longitud. Son peludas y ásperas en el envés y tienen unos dientes desiguales.

M. nigra *(superior) es un árbol amplio, a menudo*
más ancho que alto. Sus largas ramas horizontales
se apoyan a menudo en el suelo y enraizan en él.

La corteza (derecha) es de
color pardo anaranjado oscuro
y adquiere un interesante
aspecto nudoso, con profundas
fisuras.

Nyssa sinensis
Tupelo chino
Cornaceae

Las hojas (superior) pueden medir hasta 8 cm de longitud y poseen un haz lustroso. Cuando son jóvenes están teñidas de color rojo y bronce, mientras que en otoño se tornan rojizas, anaranjadas y amarillentas.

Menos conocida que el emparentado ejemplar norteamericano de mayor tamaño, *Nyssa sylvatica*, esta especie posee unas dimensiones más adecuadas para los pequeños jardines. Aunque la altura puede ser variable, tiende a ser menor en cultivo que en China, su país de origen, y suele formar un arbolillo o un gran arbusto con una copa ancha y cónica. Su principal ventaja como ejemplar de jardín radica en el magnífico color de su follaje. Las hojas nuevas se despliegan con un rojo brillante y se tornan progresivamente verdes a medida que va avanzando la estación, antes de adquirir en otoño un colorido que oscila del amarillo al púrpura, pasando por el rojo y el anaranjado. La corteza gris se agrieta y exfolia con el transcurso del tiempo, hecho que confiere aún más interés a la planta.

Al igual que otras especies del mismo género, precisa un suelo húmedo y ácido a pleno sol o en sombra parcial. Por otro lado, es preferible cultivarla a partir de pequeñas plantas, ya que a medida que va creciendo cada vez resulta más

ficha descriptiva	
altura	hasta unos 8 m, pero muy variable
rusticidad	zonas 7-9 (*N. sylvatica*, 4-9)
exposición	pleno sol o sombra parcial
tipo de suelo	húmedo, pero adecuadamente drenado
pH del suelo	ácido
país de origen	China

difícil trasplantarla con éxito. Aunque resulta poco común en cultivo, es posible obtenerla en algunos viveros europeos especializados. En los jardines de mayores dimensiones, un grupo de estos árboles crea un color otoñal realmente espectacular.

Otros árboles

El tupelo negro, *Nyssa sylvatica*, es un árbol de un tamaño medio que alcanza unos 25 m de altura. Sus hojas son normalmente más anchas y redondeadas que las de *N. sinensis*, aunque muestran una gama similar en cuanto a colores otoñales. Es bastante más robusto que el chino y también más fácil de adquirir.

Si el espacio lo permite, N. sylvatica (izquierda) constituye una alternativa de más fácil adquisición. Combina un magnífico color otoñal con una forma elegante y una corteza fisurada de forma atractiva.

La corteza de N. sinensis (superior) es de color verde grisáceo y se exfolia en escamas con el paso del tiempo. Incluso desde una época temprana, N. sinensis (derecha) forma una copa redondeada de follaje.

En otoño, las hojas adquieren tonalidades no uniformes de rojo y amarillo, que se disponen irregularmente.

Oxydendrum arboreum
Oxidendro, acedero arbóreo
Ericaceae

Aunque es común en el sureste de EE.UU., de donde es originario, este pequeño árbol caducifolio continúa siendo una especie muy ocasional en los paisajes urbanos y domésticos, lo que no deja de ser sorprendente si se consideran sus numerosas ventajas. Normalmente se desarrolla como un árbol amplio y cónico, con unas ramas arqueadas que le confieren un elegante aspecto. Las flores de color blanco crema aparecen en panículas terminales curvas hacia el verano y poseen cierta semejanza con las del género *Pieris*. Son bastante longevas y, a menudo, permanecen en el árbol hasta que las hojas, de un color verde lustroso, en otoño, empiezan a tornarse amarillas, rojas y púrpura.

Requiere condiciones similares a otras ericáceas, tales como *Pieris*, azaleas y rododendros, es decir, unos suelos ácidos y

ficha descriptiva	
altura	hasta unos 10 m
rusticidad	zonas 5-9
exposición	pleno sol o sombra ligera
tipo de suelo	húmedo y moderadamente fértil
pH del suelo	ácido
país de origen	sureste de EE.UU.

Las hojas oscuras y lustrosas (inferior) llegan a medir 20 cm de largo y poseen unos finos dientes.

húmedos y a pleno sol o en una ligera sombra. Tiene fama de ser difícil de propagar y trasplantar, de modo que es preferible cultivarlo a partir de pequeñas plantas sembradas en macetas. Por su forma ornamental, además de su interés en distintas estaciones, resulta muy apropiado como ejemplar aislado en un lugar destacado del jardín.

O. arboreum puede formar un árbol erecto o un arbusto ancho (inferior). Las flores aparecen en la parte superior de la copa desde mediados de verano y, a menudo, coinciden con los primeros signos de color otoñal.

*Las hojas adquieren en otoño
una gran variedad de colores,
que dependen de las
condiciones del clima
y del suelo. La misma rama
o incluso la misma hoja puede
mostrar a la vez diversas
tonalidades de rojo, amarillo
y anaranjado.*

Parrotia persica
Árbol de hierro, parrotia de Persia
Hamamelidaceae

Además de constituir uno de los mejores árboles de reducido tamaño debido a su interés a lo largo de todas las estaciones del año, el árbol de hierro es también fácil de cultivar y tolera una amplia gama de suelos. Es muy variable en cuanto a forma y altura, y pueden reconocerse dos formas perfectamente diferenciadas. La mayoría de las plantas cultivadas forma un árbol bajo y de bastante amplitud, de mayor anchura que altura, y que puede llegar a los 8 m. En el área del norte de Irán, de donde procede (y, a veces, en cultivos), desarrolla una forma erecta más irregular y alcanza mayor altura. No obstante, su lento crecimiento queda compensado por sus precoces atractivos. Las hojas anchas y semejantes a las de las hayas forman una copa casi continua en torno a las ramas descendentes y crean un color otoñal espectacular. Esta transformación a menudo empieza de manera temprana y se extiende por la copa de un modo desigual, de manera que adquiere magníficas tonalidades rojizas, amarillentas y anaranjadas. Las flores, de un color rojo brillante, aparecen a finales de invierno o a principios de primavera y, aunque son pequeñas, la ausencia de hojas hace que resulten más visibles. La corteza de los árboles más viejos se exfolia en escamas, motivo por el cual adquiere un dibujo en mosaico.

Aunque prefiere los suelos fértiles y con un drenaje adecuado se desarrolla bien en condiciones no tan favorables y to-

Las pequeñas flores carecen de pétalos, aunque son conspicuas debido a sus anteras carmesíes. Aparecen a finales de invierno o principios de primavera en las ramas desnudas y potencian el atractivo del árbol a lo largo del año.

La corteza se exfolia en escamas irregulares, hecho que muestra una serie de sutiles tonalidades.

lera la cal; como contrapartida, se resiente con las sequías. Es posible podarlo para revelar la parte inferior de su tronco o controlar su crecimiento lateral, aunque las formas extendidas tienden a oponer resistencia a todos los intentos de obtención de un hábito más erecto.

Otros árboles

Los distintos tamaños que muestra esta especie se hacen patentes en las variedades cultivadas. La más común en Europa es «Pendula», una selección en la que se acentúa el hábito extenso. Mucho más difícil de adquirir es «Vanessa», una variedad cultivada que posee una forma más arbórea y unos brotes rojos.

ficha descriptiva

altura	hasta unos 8 m, ocasionalmente superior
rusticidad	zonas 4-8
exposición	pleno sol (preferible) o sombra ligera
tipo de suelo	fértil y adecuadamente drenado (preferible), aunque es tolerante
pH del suelo	de ácido a alcalino
país de origen	Irán

La mayoría de los árboles desarrolla una forma amplia y de escasa altura (derecha), con un follaje denso que llega hasta el suelo.

Las hojas pueden medir hasta 7,5 cm de longitud y tienen unas puntas y dientes finos. Las bayas son comestibles y ovoides y se tornan rojizas y lustrosas cuando maduran.

Las hojas otoñales (superior) van acompañadas por los frutos.

Photinia villosa
Fotinia oriental

Cat.: *Fotínia*

Rosaceae

Esta fotinia caducifolia puede describirse como un arbusto de gran tamaño o como un arbolillo. Suele desarrollar una copa ancha e irregular a partir de varios troncos y su anchura es similar a su altura, que puede alcanzar unos 4 m. Para conseguir una forma más arbórea se puede realizar una poda de formación selectiva que favorezca uno o algunos troncos dominantes. Las flores blancas, semejantes a las del género *Crataegus*, aparecen hacia mediados de primavera y, aunque son numerosas, quedan eclipsadas por los frutos resultantes. Éstos están constituidos por unas bayas rojas y brillantes que maduran a finales de verano o principios de otoño y, más tarde, se suman a los colores otoñales anaranjados y amarillentos de las hojas.

Se trata de una planta apropiada para los suelos húmedos y ácidos, así como para las exposiciones ligeramente sombreadas. Puede resultar muy efectiva si se planta como un ejemplar aislado o en un grupo uniespecífico o mixto. Al igual que otras especies del género *Photinia*, el fuego bacteriano puede constituir un problema en algunas zonas.

Otros árboles

Photinia davidiana crece con gran rapidez, de modo que puede alcanzar los 10 m de altura. Tiende a formar un pequeño árbol con ramas bajas y una copa ancha y redondeada. Sus hojas perennes y exuberantes son especialmente efectivas en otoño, cuando las más viejas se tornan de un color rojo brillante antes de caerse. Sus flores aparecen en verano, en inflorescencias redondeadas, y sus frutos son rojos y esféricos. Sus requisitos en cuanto a suelos son similares a los de *P. villosa* y es propensa al fuego bacteriano.

El follaje toma su coloración otoñal (superior) relativamente tarde, hasta que va adquiriendo gradualmente tonalidades anaranjadas y rojizas. P. villosa *puede ser o bien un árbol con un único tronco (derecha), o bien una planta más arbustiva (superior). La poda de formación puede influir en la forma final.*

ficha descriptiva

altura	hasta unos 4 m
rusticidad	zona 4 (*P. davidiana*, 6-9)
exposición	pleno sol (preferible) o sombra ligera
tipo de suelo	húmedo y adecuadamente drenado
pH del suelo	ácido
país de origen	Japón, Corea, China (*P. davidiana*, China)
observación	propensa al fuego bacteriano

La corteza (izquierda) es de un color pardo grisáceo y se torna fisurada con el paso del tiempo.

Pinus aristata

Pino del Colorado, pino de piñas erizadas

Cat.: *Pi*

Eusk.: *Pinua*

Gall.: *Pino*

Pinaceae

Las acículas llegan a medir hasta 4,5 cm de largo y están dispuestas en haces de 5.

El follaje perenne, así como las piñas (inferior), ofrecen una textura interesante y proporcionan colorido durante todo el año.

Este árbol, de gran longevidad y carácter, ha conseguido mostrar la transición entre las agrestes cumbres montañosas de Norteamérica y el jardín doméstico europeo. Merece su reputación de considerarse un árbol de crecimiento lento y, si bien se desarrolla con mayor celeridad en los cultivos que en la naturaleza, los árboles con una altura superior a los 10 m constituyen una rara visión, y los que han conseguido esta altura poseen una edad considerable. A diferencia de muchos pinos, pronto adquiere una forma interesante e irregular, lo que hace que resulte una planta muy útil para conferir carácter a los jardines jóvenes. Sus cortas acículas son de color verde glauco y están a menudo moteadas de resina blanca. Las piñas son ovaladas.

ficha descriptiva

altura	rara vez superan los 10 m; crecimiento muy lento
rusticidad	zona 3 (*P. bungeana*, 4-8)
exposición	pleno sol o sombra ligera
tipo de suelo	cualquiera con un drenaje adecuado
pH del suelo	muy tolerante
país de origen	suroeste de EE.UU., China (*P. bungeana*)

Este pino constituye una especie muy adaptable, que se desarrolla adecuadamente incluso en los suelos secos y pobres y con amplios valores de pH. Es muy resistente y tolera las condiciones climáticas extremas. Debido a su lento crecimiento, las plantas más crecidas no son fáciles de obtener. Pese a ello, vale la pena adquirir una planta de un tamaño razonable y de calidad para que comience a desarrollarse.

Otros árboles

Pinus bungeana posee una corteza extremadamente hermosa. Este pino posee también un crecimiento muy lento, y alcanza unos 15 m de altura. Aunque es menos resistente que *P. aristata*, se desarrolla en suelos secos.

Los árboles jóvenes (derecha) adquieren con rapidez una forma irregular. Por su lento crecimiento y su pequeño tamaño, este árbol resulta especialmente idóneo para los jardines de tamaño más reducido.

La corteza de P. bungeana (inferior) constituye su rasgo más destacado. Incluso los árboles bastante jóvenes empiezan a mostrar la corteza exfoliada en escamas de diversos colores que hacen que esta especie resulte tan ornamental.

Pinus sylvestris «Aurea»
Pino silvestre o pino albar

Cat.: *Pi roig*

Eusk.: *Lergorria*

Gall.: *Pino bravo*

Pinaceae

ficha descriptiva	
altura	hasta unos 10 m
rusticidad	zonas 3-7
exposición	pleno sol
tipo de suelo	muy tolerante
pH del suelo	muy tolerante
país de origen	Europa y Asia (la especie)

Durante el verano y hasta entrado el otoño se desarrollan y crecen las piñas. El follaje permanece de color verde hasta el invierno.

Aunque durante gran parte del año esta variedad cultivada del conocido pino silvestre se asemeja en gran medida a la especie, en invierno despliega todo su esplendor. Además de en el color, difiere de la especie en su crecimiento más lento y su menor tamaño. En raras ocasiones sobrepasa los 10 m de altura y posee un contorno irregular y redondeado en la cima, muy característico de la especie. Poco a poco va perdiendo las ramas más bajas, con lo que su atractiva corteza joven rojiza herrumbrosa queda visible. Es un árbol extremadamente adaptable que se desarrolla en casi cualquier tipo de suelo y de pH, que tolera la sequía, el frío extremo (aunque no los climas muy cálidos) y las inclemencias climáticas y prospera en suelos pobres y arenosos. Como planta de jardín es, a la vez, una perennifolia de protección y una especie interesante por su color invernal. Asimismo, se considera un árbol de gran carácter que muestra apreciables diferencias entre los distintos individuos. El gran inconveniente de esta variedad cultivada radica en su dificultad de adquisición.

La corteza joven se exfolia de forma irregular, lo que revela una serie de tonalidades rojizo herrumbrosas. Los árboles más viejos adquieren profundas fisuras en la corteza.

Existe cierto debate sobre el estatus botánico de esta forma del pino silvestre. De hecho, se han seleccionado diversos clones dorados que, en ocasiones, se describen con el nombre general del grupo, Aurea o forma aurea.

Otros árboles

Existen otras muchas variedades cultivadas del pino silvestre, desde árboles de tamaño normal hasta enanos, que resultan idóneos para el jardín rocoso. «Fastigiata» es un árbol estrechamente columnar que alcanza una altura de unos 8 m. «Watereri», que es de crecimiento más lento, pero que adquiere un tamaño similar, es una forma de follaje vistosamente azul. Cuando el espacio disponible es escaso, la variedad cultivada «Nana» («Watereri Nana») constituye una versión arbustiva, en miniatura, del anterior.

Las acículas miden unos 7 cm de largo y están dispuestas en pares. A partir de principios de invierno van cambiando gradualmente del color verde al amarillo desde el ápice hacia el interior. Hacia finales de invierno adquieren un color dorado uniforme y brillante.

En el invierno norteño, el color brillante y el vigoroso contorno de Pinus sylvestris «Aurea» (derecha) constituyen una visión muy llamativa.

Las flores son solitarias o están dispuestas en densos grupos próximos a las ramas. Tienen 5 pétalos y, si bien son rosadas en un primer momento, en poco tiempo adquieren una tonalidad blanca.

P. dulcis «Macrocarpa» (inferior) forma una copa ancha y redondeada con un tronco corto y único y unas ramas ascendentes.

Prunus dulcis
Almendro

Cat.: *Ametller*

Eusk.: *Almendrondoa, almendara*

Gall.: *Amendoeiro*

Rosaceae

Pese a su abundancia en algunos países como árbol cultivado o asilvestrado, el almendro resulta un árbol ornamental muy atractivo en las zonas de clima mediterráneo o submediterráneo. Se trata de un árbol de reducidas dimensiones y redondeado, que alcanza unos 11 m de altura, una cifra que a menudo resulta inferior en zonas más frías. Sus flores, matizadas de un color rosa pálido, aparecen con anterioridad a las hojas, a finales del invierno. A diferencia de las de otros *Prunus*, las hojas del almendro son alargadas. Los frutos elipsoidales y verdes miden de 3 a 6 cm de longitud y, al escindirse, dejan al descubierto el conocido hueso leñoso con pequeños hoyos que alberga la almendra.

El almendro es un árbol longevo, que puede conferir carácter y continuidad al jardín. Requiere un suelo húmedo, pero con un drenaje adecuado, con un pH de ligeramente ácido a moderadamente alcalino; además, para que sus flores puedan apreciarse en toda su plenitud es preferible plantarlo en un emplazamiento abierto a pleno sol. La poda debe evitarse, aunque, en el caso de extraer madera enferma o muerta, convendrá realizar esta tarea en verano. El único inconveniente de esta especie es su sensibilidad a enfermedades tales como la roya, la antracnosis, el cribado (*Coryneum beijerinkii*) y, sobre todo, la abolladura causada por el hongo *Taphrina deformans*. Aunque existen fungicidas a base de cobre, no suelen usarse en las plantas ornamentales de jardín, ya que los gastos y los problemas ambientales no compensan los posibles beneficios. En zonas donde la abolladura constituya un problema, deberán cultivarse especies más resistentes del género *Prunus*.

Otros árboles

La variedad cultivada «Macrocarpa», bastante conocida en algunos países europeos, produce almendras de 8 cm de diámetro y flores de gran tamaño. «Roseoplena» posee unas flores dobles, y «Alba», en cambio, tiene flores simples.

ficha descriptiva	
altura	hasta unos 8 m
rusticidad	zona 7
exposición	pleno sol
tipo de suelo	húmedo y con un drenaje adecuado
pH del suelo	de ácido a moderadamente alcalino
país de origen	desde el oeste de Asia hasta el norte de África
observación	sensible a la abolladura de las hojas

Las flores aparecen con anterioridad a las hojas, de finales de invierno a principios de primavera, y destacan de forma visible sobre las ramas desnudas (superior).

Prunus serrula
Cerezo tibetano

Cat.: *Cirerer*

Eusk.: *Gereziondoa, kerizondo, kerizaitz*

Gall.: *Cerdeira*

Rosaceae

Las hojas de P. maackii (superior) están finamente dentadas y tienen forma de huso. Las fragantes flores, aunque de reducido tamaño, aparecen en densos racimos en los extremos de los brotes.

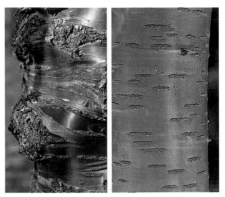

La corteza de P. serrula (extremo izquierda) es de color bronce y posee un hermoso brillo. P. maackii (izquierda) tiene una corteza lustrosa y amarilla o dorada con lenticelas horizontales. En ambas especies, la corteza se exfolia de un modo muy atractivo.

Este cerezo ornamental, escasamente conocido en algunos países, es uno de los pocos que no se cultivan por sus flores, sino por su la atractiva corteza. Se trata de un árbol de crecimiento bastante rápido, que posee una ancha copa y que alcanza los 8 m de altura. El tronco principal a menudo se divide en unas pocas ramas, cada una de las cuales exhibe la magnífica y lustrosa corteza de color marrón rojizo. Ésta puede aparecer en plantas con una antigüedad de 5 años, aunque tarda como mínimo el mismo tiempo en llegar a ser realmente efectiva. Las flores empiezan a aparecer de forma paralela a las hojas, de principios a mediados de primavera. Son pequeñas, blancas y poco visibles en comparación con los cerezos que se cultivan por sus flores; además, dan lugar a unas cerezas pequeñas y rojas, dispuestas en pares y con largos cabillos.

Los requisitos de esta especie son similares a los de la mayoría de los cerezos de flor. Aunque tolera los suelos alcalinos y poco profundos, no prospera en los que tienden a la sequedad o a la excesiva humedad. Se desarrolla adecuadamente en un emplazamiento soleado con cierta sombra. En lo que respecta al diseño del jardín, deberá plantarse en un emplazamiento donde pueda apreciarse su corteza desde cerca. Ésta destacará si el emplazamiento elegido es un pequeño arriate elevado situado en una posición central, en alguna de las zonas más utilizadas y transitadas del jardín.

Otros árboles

Otra especie especialmente conocida por su atractiva corteza es el cerezo de Manchuria, *Prunus maackii*. Se trata de un árbol vigoroso, que puede sobrepasar los 12 m de altura, y que posee una copa ancha y cónica. Su lustrosa corteza es de color ámbar y, a menudo, se exfolia en grandes tiras. Las flores son blancas y aparecen en densos grupos sobre los viejos brotes hacia mediados de primavera. Es una especie muy resistente al frío, aunque no se desarrolla adecuadamente en las regiones cálidas, por encima de la zona climática 7.

ficha descriptiva

altura	hasta unos 8 m, ocasionalmente superior
rusticidad	zona 6 (*P. maackii*, 2-6)
exposición	pleno sol
tipo de suelo	húmedo, adecuadamente drenado
pH del suelo	muy tolerante
país de origen	oeste de China (*P. maackii*, Manchuria, Corea)

P. serrula constituye un árbol de copa ancha. La poda deberá limitarse únicamente a la extracción de la madera muerta o enferma y se realizará a mediados de verano.

Las flores aparecen a principios de primavera, antes que las hojas. Salen de unos capullos de un color rosa intenso y tienen unos pétalos delicados y escotados.

La variedad cultivada «Pendula» forma un elegante árbol llorón, de estructura esbelta. Sus flores, aunque abundantes, son relativamente pequeñas y pálidas.

Prunus × subhirtella
Cerezo de primavera

Cat.: *Cirerer*

Eusk.: *Gereziondoa, kerizondo, kerizaitz*

Gall.: *Cerdeira*

Rosaceae

Este árbol variable no se conoce en estado silvestre, aunque tiene una larga historia de cultivo en Japón, su país de origen. Al igual que otros muchos cerezos ornamentales de este país, se ha modificado a lo largo de los siglos y ha dado lugar a un gran número de ejemplares. En su forma original, crece poco a poco hasta adquirir la estructura de un árbol de tamaño medio de unos 12 m de altura, aunque, por lo general, es mucho más pequeño. Sus pequeñas flores, de color rosa pálido, aparecen hacia principios de primavera, con anterioridad a las hojas. Las hojas se tiñen de un color bronce cuando son jóvenes, aunque, posteriormente, adquieren una tonalidad verde intensa y, fnalmente en otoño, amarilla.

Todas las formas del árbol poseen unos requisitos similares y toleran cualquier tipo de suelo con un drenaje adecuado, incluidos los calizos. Sin embargo, son propensas a una enfermedad criptogámica que hace que las flores resulten menos atractivas y que es común en lugares donde crecen cerezos muy próximos unos a otros. La poda deberá evitarse, excepto para extraer la madera muerta o enferma

ficha descriptiva

altura	unos 12 m; ciertas variedades cultivadas son menores
rusticidad	zonas 4-8 (*P. serrulata*, 5-8)
exposición	pleno sol (preferible) o sombra parcial
tipo de suelo	húmedo y adecuadamente drenado
pH del suelo	muy tolerante, incluso con cal
país de origen	Japón (jardines)

Las flores varían de un árbol a otro en cuanto a intensidad de color. Normalmente poseen una ligera tonalidad rosada carmín (superior).

La variedad y el incierto origen del cerezo de primavera han dado lugar a una considerable ambigüedad en su denominación, aunque, actualmente, este árbol suele considerarse de origen híbrido.

Otros árboles

P. x *subhirtella* «Autumnalis» es un árbol de tamaño más reducido, que puede alcanzar 8 m de altura y una anchura similar. Sus flores, de color blanco o rosado pálido, aparecen de forma impredecible entre otoño y primavera y son visibles incluso en invierno. «Pendula Rosea» y «Pendula Rubra» son árboles de porte llorón, por lo general más anchos que altos (unos 5 m); ambos florecen hacia principios de primavera. Más extraño es «Stellata», un árbol erecto cuyas flores tienen pétalos puntiagudos que les confieren un aspecto estrellado. Más comunes son, en cambio, las variedades cultivadas de *Prunus serrulata*, en especial las que se comercializan en países como España, como, por ejemplo, «Amanogawa», «Hisakura», «Shirofugen», «Royal Burgundy» y, sobre todo, «Kanzan».

Prunus *x* subhirtella
«Pendula Rubra» (superior)
es una variedad cultivada
común en Francia, Gran
Bretaña y otros países, que
combina una forma muy
ornamental con unas flores
magníficas. Está injertada
sobre un tronco recto y sus
ramas péndulas forman una
amplia bóveda, a menudo más
ancha que alta.

La variedad cultivada
«Stellata» (izquierda) es una
forma erecta especialmente
hermosa. Sus flores, de un
color rosa pálido, tienen
forma de estrella y están
dispuestas en racimos que se
sitúan próximos a las ramas.

Ptelea trifoliata
Olmo de tres hojas
Rutaceae

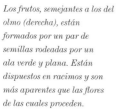

Las hojas están divididas en 3 foliolos no dentados, de unos 10 cm de longitud cada uno. Al igual que muchas plantas de la familia Rutaceae, desprenden un vapor aromático cuando se estrujan.

Aunque es poco frecuente en los jardines (incluidos los británicos), este arbolillo es fácil de cultivar y posee una modesta belleza que combina a la perfección con otras plantas más llamativas. Forma una amplia planta, generalmente de múltiples troncos, que, en raras ocasiones, supera los 8 m de altura, una cifra similar a su anchura. Sus hojas están divididas en 3 foliolos oscuros y lustrosos que desprenden aroma cuando se estrujan. Las flores son pequeñas y de un color verde amarillento y están dispuestas en densas panículas. Aparecen hacia finales de primavera y, aunque no son demasiado visibles, figuran entre las más olorosas de todas las plantas de los jardines de clima templado. Los frutos son bastante similares a los del olmo y consisten en un par de semillas rodeadas por una ala ancha y circular. Aparecen en apretados racimos y gradualmente van abandonando el color verde hasta convertirse en marrones.

Además de su gran resistencia al frío, el olmo de tres hojas se adapta a cualquier tipo de suelo fértil y con un drenaje adecuado. Aunque no tiene una forma ni unos colores lo suficientemente llamativos para su uso como ejemplar aislado, su interesante follaje y sus delicadas flores hacen que se considere una especie tan valiosa como inusual, susceptible de formar parte de un gran arriate.

La corteza es de color gris oscuro y, aunque es lisa cuando es joven, se torna cada vez más agrietada y fisurada.

Otros árboles

La única variedad cultivada disponible en Europa es «Aurea», una selección cuyas hojas jóvenes son de un color amarillento muy llamativo y que gradualmente van adquiriendo una tonalidad verde lima. Esta forma resulta especialmente efectiva si se combina con *Cotinus* de hojas púrpuras o con coníferas de tonalidades verde oscuro.

Los frutos, semejantes a los del olmo (derecha), están formados por un par de semillas rodeadas por un ala verde y plana. Están dispuestos en racimos y son más aparentes que las flores de las cuales proceden.

ficha descriptiva

altura	hasta unos 8 m
rusticidad	zonas 3-9
exposición	pleno sol o sombra ligera
tipo de suelo	fértil, adecuadamente drenado
pH del suelo	de ácido a moderadamente alcalino
país de origen	este de Norteamérica, norte de México

P. trifoliata (derecha) a menudo se convierte en un amplio árbol de varios troncos y con una densa copa de follaje oscuro. Puede adquirir una forma más erecta si se somete a una poda formativa y tolera las podas drásticas destinadas a reducir su anchura.

Incluso los árboles jóvenes producen abundantes flores y no tardan en convertirse en una parte importante del paisaje del jardín.

Pyrus calleryana
Peral de Callery

Cat.: *Perera*

Eusk.: *Udareondoa*

Gall.: *Pereira*

Rosaceae

La forma silvestre del peral de Callery es un árbol de tamaño medio, que es originario de China y Corea, y que está prácticamente confinado a los jardines botánicos. Es más conocido por sus variedades cultivadas injertadas, cuyos atributos ornamentales y culturales les han convertido en árboles populares en calles y parques. Sus flores, de color blanco, aparecen a principios de primavera y dan lugar a unos frutos pequeños y pardos que pueden ser redondeados o poseer cierta forma de pera. Las hojas son ovaladas y lustrosas. Todas las formas son conocidas por su tolerancia a los suelos secos o compactados, así como a la contaminación del aire. Pueden cultivarse en una gran variedad de suelos y valores de pH, aunque no se desarrollan adecuadamente en lugares a la sombra. El fuego bacteriano es el problema más común, de modo que, en zonas donde esta enfermedad sea habitual, deberán elegirse variedades cultivadas resistentes.

ficha descriptiva

altura	hasta unos 15 m, aunque existen variedades cultivadas más pequeñas
rusticidad	zonas 5-9
exposición	pleno sol
tipo de suelo	fértil, adecuadamente drenado
pH del suelo	muy tolerante
país de origen	China y Corea (la especie)
observación	algunas variedades cultivadas son muy sensibles al fuego bacteriano

Los frutos (inferior) no superan los 2,5 cm de diámetro y se tornan bermejos al madurar. Pueden ser redondeados o en forma de pera, y poseen una consistencia carnosa.

Otros árboles

La variedad cultivada que más se ha plantado en España es, sin duda, «Chanticleer», una selección norteamericana que es muy popular como árbol de calle en muchos países. Esta forma alcanza una altura de 10 m y es muy adecuada para los pequeños jardines. También posee gran resistencia al fuego bacteriano. «Bradford», otra variedad cultivada norteamericana, es un árbol de tamaño medio que puede alcanzar los 15 m de altura, y que posee una copa amplia y cónica. Es conocido por su abundancia de flores y su hermoso color otoñal, con hojas de color naranja brillante que se tornan rojas. Es una de las variedades cultivadas más resistentes al fuego bacteriano, aunque es quebradiza y sus ramas tienden a caerse con el paso del tiempo.

Pyrus calleryana «Chanticleer» (derecha) es la variedad cultivada más popular en algunos países. Es apropiada para los espacios reducidos y los pequeños jardines.

Las flores, de color blanco, poseen 5 pétalos y forman racimos entre las nuevas hojas a principios de primavera. Las hojas son lustrosas y algunos años confieren un hermoso color otoñal.

Pyrus salicifolia «Pendula»
Peral de hojas de sauce (forma péndula)

Cat.: *Perera*

Eusk.: *Udareondoa*

Gall.: *Pereira*

Rosaceae

A diferencia de otros perales, las hojas de este árbol son estrechas y semejantes a las del sauce. Están cubiertas con un fino tomento de pelos pálidos que les confiere una apariencia general de un color gris azulado.

ficha descriptiva	
altura	hasta unos 8 m
rusticidad	zonas 4-7
exposición	pleno sol
tipo de suelo	fértil, adecuadamente drenado
pH del suelo	de moderadamente ácido a alcalino
país de origen	oeste de Asia y sureste de Europa (la especie)
observación	sensible al fuego bacteriano

Este arbolillo, muy distinto al resto de perales, posee una elegante forma péndula que se ve acentuada por sus hojas, semejantes a las del sauce. Resulta ideal para los pequeños jardines, ya que en raras ocasiones supera los 8 m de altura. Su forma es redondeada y compacta. Las flores aparecen al mismo tiempo que las hojas nuevas y dan lugar a unas pequeñas y verdes peras. Sin embargo, ninguna parte del árbol rivaliza en belleza con el follaje, sobre todo en invierno, cuando las hojas jóvenes están cubiertas con una fina pubescencia de color gris azulado. Se trata de un árbol extremadamente popular en gran parte de Europa y empieza a serlo en países como España. Al igual que otras especies del género *Pyrus*, es sensible al fuego bacteriano y, por tanto, no es adecuado en las zonas donde es común esta enfermedad. En todos los lugares donde este problema no sea acuciante, su tolerancia a una extensa gama de suelos y valores de pH hace muy recomendable su uso.

Los frutos (superior) están constituidos por peras duras y verdes de unos 2,5 cm de longitud, con un cabillo corto.

Las flores (superior) son blancas y tienen las anteras rojas y, si bien no constituyen su mejor atributo, contribuyen al interés primaveral del árbol. Generan unas peras pequeñas y de color verde.

Cuando se usa como ejemplar aislado (derecha), la combinación de forma, textura y color transmite una gran impresión. Para que los frutos se desarrollen por completo y las péndulas ramas caigan en cascada hasta el suelo es preferible un emplazamiento abierto a pleno sol. La especie Pyrus salicifolia (izquierda) es un árbol de reducido tamaño con una forma más erecta que «Pendula». Tiene el mismo hermoso follaje que la variedad cultivada y forma un atractivo árbol en jardines de mayores dimensiones.

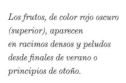

Rhus typhina
Zumaque de Virginia
o zumaque de tenerías

Cat.: *Sumac americà*

Eusk.: *Zumakea*

Anacardiaceae

Los frutos, de color rojo oscuro (superior), aparecen en racimos densos y peludos desde finales de verano o principios de otoño.

Las nuevas hojas de R. trichocarpa (inferior) poseen una tonalidad verde amarillenta, a veces con un matiz rosado o púrpura.

El zumaque de Virginia es bastante común en algunos jardines, sobre todo en los de tipo barroco y paisajístico, donde sus distintos atractivos pasan a menudo desapercibidos. Al igual que otras especies del mismo género, su rasgo más notable es, sin duda, su impresionante follaje. Sus hojas, pinnadas y de gran tamaño, adquieren una amplia gama de colores otoñales, desde el amarillo hasta el anaranjado, el rojo o el púrpura. *R. typhina* es un amplio árbol que, a menudo, posee múltiples troncos y un ramaje irregular y abierto, cuyos brotes y ramas jóvenes son neta y visiblemente peludos. Asimismo, tiene una gran tendencia a crear chupones, un rasgo no siempre apreciado cuando se planta como ejemplar aislado en un césped. Normalmene alcanza de 6 a 8 m de altura y, si se deja crecer sin control, puede formar una gran mata de tallos desarrollados a partir de chupones. Las flores femeninas se diferencian de las masculinas y aparecen en diferentes plantas; además, dan lugar a densas panículas de frutos rojos y peludos que persisten tras la caída de las hojas. Prospera en casi todos los tipos de suelo y tolera especialmente bien los emplazamientos secos y rocosos, además de constituir uno de los zumaques más robustos.

Durante los meses invernales, los frutos de R. typhina (inferior) permanecen en las ramas desnudas.

ficha descriptiva

altura	hasta unos 10 m, aunque normalmente alcanza 6-8 m
rusticidad	zonas 3-8 (*R. trichocarpa*, 8; *R. succedanea*, 5-9)
exposición	de pleno sol a sombra parcial
tipo de suelo	muy tolerante
pH del suelo	muy tolerante
país de origen	este de Norteamérica

Otros árboles

La variedad cultivada femenina «Dissecta» («Laciniata»)
posee unos foliolos profundamente divididos que confieren
al follaje una textura muy fina. En otoño, se tornan de un
brillante color amarillo y anaranjado. Algunas especies de
Rhus se cultivan en Europa y Norteamérica. *R. trichocarpa*
es un arbolillo originario del este de Asia, cuyas hojas jóvenes poseen una tonalidad rosada. Posee unos frutos amarillos que cuelgan. Más común en España que *R. trichocarpa*
es el árbol de la cera (*R. succedanea*), un zumaque bastante
más rústico (zona 5), procedente del este y sureste asiático,
de cuyos frutos algo achatados y de color pardo amarillento
se obtiene una cera que se emplea en barnices y pulimentos.

Las hojas de R. trichocarpa
*(superior) en otoño adquieren
magníficas tonalidades
anaranjadas.*

La corteza de R. typhina
*(izquierda) es gris y lisa,
con un moteado de estrechas
lenticelas.*

Robinia pseudoacacia
Robinia, falsa acacia

Cat.: *Robínia, acàcia (falsa)*

Eusk.: *Sasiarkazia, sagiarkazia*

Gall.: *Acacia*

Leguminosae

Los frutos son legumbres de color pardo rojizo que alcanzan 10 cm de longitud. A menudo cuelgan de las ramas en gran abundancia.

Las hojas son pinnadas y poseen hasta 21 foliolos ovalados (inferior). Los espinosos tallos (inferior derecha) pueden considerarse una característica atractiva o bien un problema si el árbol crece en lugares donde juegan los niños.

La forma silvestre de la robinia se hace patente en un árbol de gran tamaño y de corteza áspera que puede extenderse rápidamente mediante semillas y chupones. Es muy común en parques, grandes jardines, calles, avenidas y taludes (y se encuentra asilvestrada en gran parte del norte y en algunas zonas del centro de España), aunque no es apropiada para la mayoría de los jardines domésticos. Afortunadamente, de ella se ha obtenido una serie de variedades cultivadas de tamaños más modestos que presentan distintos rasgos interesantes. Todas ellas tienen las mismas hojas, delicadamente pinnadas, que la especie, así como la corteza oscura con sus atractivos surcos; sin embargo, las fragantes flores papilionáceas son menos abundantes en algunas de ellas, mientras que otras se seleccionaron por la ausencia de espinas. Al igual que la especie, estas variedades cultivadas son muy resistentes a los suelos pobres y a la falta de agua y necesitan una exposición al sol para desarrollarse adecuadamente. El gran inconveniente de la robinia radica en su capacidad invasora que, a largo plazo, puede convertirse en un peligro para los ecosistemas naturales (de hecho, esta especie ya constituye un problema en los parques nacionales de Cabañeros y en las islas Atlánticas), lo que hace que resulte extremadamente desaconsejable en o cerca de los espacios naturales.

La corteza es de color gris o marrón pálido y, con el paso del tiempo, adquiere más fisuras y surcos escamosos.

Otros árboles

La variedad cultivada más conocida en Europa es «Frisia». Sus brillantes hojas de color amarillo dorado son bastante atractivas y resultan ideales cuando se combinan con un fondo verde oscuro o con plantas de follaje púrpura. «Frisia» suele crecer hasta unos 10 m (en ocasiones algo más). «Tortuosa» es un árbol de tamaño similar, pero de crecimiento más lento, con unas ramas retorcidas que, en invierno, resultan espectaculares. «Umbraculifera» es un arbolillo con la copa en forma de bóveda aparasolada y densa que crece hasta unos 6 m de altura. «Bessoniana» es bastante popular en las calles y alineaciones debido a su carencia de espinas, así como a su copa compacta.

ficha descriptiva

altura	hasta unos 10 m
rusticidad	zonas 3-8
exposición	pleno sol
tipo de suelo	muy tolerante
pH del suelo	muy tolerante
país de origen	este de EE.UU.
observación	es invasora en numerosas zonas (entre ellas España)

Independientemente de donde se plante, R. pseudoacacia crea un importante impacto visual (derecha). Si se usa con moderación, puede constituir un foco de atención en el jardín, donde combina a la perfección con ornamentos artificiales.

La poda de los árboles desmochados a intervalos regulares proporciona una renovación de tallos jóvenes. La antigua corteza no tarda en adquirir un color pardo verdoso si se deja sin podar.

Salix alba «Britzensis» («Chermesina»)
Sauce blanco

Cat.: *Salze blanc*

Eusk.: *Zumezuria*

Gall.: *Sinceiro*

Salicaceae

El sauce blanco, *Salix alba*, es un árbol vigoroso y de gran tamaño que, si tiene la oportunidad, invade con su presencia cualquier jardín de dimensiones reducidas. Afortunadamente, muchas de sus indudables ventajas son comunes a algunas de sus variedades cultivadas más pequeñas, incluida esta forma todavía escasa en algunos países (como España), cuyo nombre hace referencia a la deslumbrante coloración de la corteza de sus tallos. Si se deja crecer sin control, esta variedad cultivada puede alcanzar 15 m de altura, aunque si lo que se pretende es sacar el mejor partido de su color, habrá que podarla cada 2 o 3 años para favorecer la aparición de nuevos y brillantes brotes. La altura del corte de poda no es importante, aunque, por lo general, se sitúa cerca del suelo (descopado) o bien aproximadamente a la altura del pecho (desmoche), siendo mejor empezar a podar cuando el árbol es todavía bastante joven. La poda deberá realizarse a principios de primavera, después de que los tallos hayan mostrado su color durante los apagados días invernales, pero antes de que aparezcan las hojas. Por otra parte, los tallos cortados pueden atarse en gavillas para decorar el interior de la casa.

Aunque puede vivir en suelos muy anegados, este sauce también se desarrolla especialmente bien en suelos con un drenaje adecuado, siempre que no sean muy alcalinos y que no falte la humedad. Es una especie robusta que prefiere un

ficha descriptiva	
altura	hasta unos 15 m, aunque es preferible podarlo con regularidad
rusticidad	zonas 2-8
exposición	pleno sol
tipo de suelo	fértil y húmedo
pH del suelo	de moderadamente alcalino a ácido
país de origen	Europa, oeste de Asia y norte de África (la especie)

Para fomentar el desarrollo de nuevos brotes, las plantas deberán podarse hasta el nivel del suelo. S. alba var. vitellina *(superior) resulta muy estética cuando se cultiva en pequeños grupos y se poda de esta manera cada dos años.*

La brillante corteza de S. alba *var.* vitellina *(derecha), cuando es joven, es dorada y resulta especialmente espectacular si se combina con tallos de otros colores.*

emplazamiento abierto a pleno sol y que puede cultivarse como ejemplar aislado, aunque resulta especialmente impresionante en grupo, ya sea del mismo tipo o combinado con cornejos o sauces de colores que contrasten con él.

Otros árboles

Otra forma del sauce blanco que se cultiva por el color de sus tallos es *S. alba* var. *vitellina*. Esta variedad, mucho más frecuente en países como España que «Britzensis», tiene unos tallos jóvenes de color amarillo dorado que se ven especialmente favorecidos por las podas regulares. En España, más extraña que *vitellina* es la var. *sericea*, un árbol de tamaño medio que alcanza unos 15 m de altura y que se cultiva por sus hojas de color azul plateado.

Los árboles desmochados a
aproximadamente la altura
del pecho constituyen una
visión llamativa y resultan
idóneos para los pequeños
jardines. Si se plantan en
pequeños grupos como éste,
el impacto es todavía mayor.

Los brotes jóvenes de
«Britzensis» (izquierda)
crecen rápidamente a partir
de los árboles desmochados
y resultan especialmente
espectaculares a la luz del sol
inviernal.

Los amentos femeninos de S. daphnoides *«Aglaia» (derecha) aparecen a principios de primavera. Empiezan siendo grises y lanudos y van adquiriendo un color amarillo brillante a medida que las anteras van madurando.*

Las podas drásticas a intervalos regulares (inferior) mantienen el árbol a un tamaño manejable, al mismo tiempo que proporcionan un importante número de tallos jóvenes de gran colorido. La poda puede realizarse de distintos modos con el fin de crear tanto la forma como el tamaño de la planta.

Salix daphnoides
Sauce dafnoide

Cat.: *Salze*

Eusk.: *Zumerika*

Gall.: *Sinceiro*

Salicaceae

Pese al vigor de su crecimiento inicial, el sauce dafnoide no suele superar los 10 m de altura, de manera que se trata de una de las mejores especies para los pequeños jardines. Si se desarrolla libremente, sus ramas ascendentes forman una copa ancha y cónica que tiende a extenderse con el transcurso del tiempo. Sus brotes, de color púrpura intenso, están cubiertos con una pruina pálida y son especialmente visibles durante los meses de invierno, cuando no tienen hojas. Al igual que otras muchas especies de sauces, responde de manera adecuada a una poda drástica realizada cada año o cada dos años, gracias a lo cual aparecen nuevos brotes. Esta poda debería llevarse a cabo a mediados de primavera, antes de la aparición de las hojas pero despés de que las plantas hayan tenido la oportunidad de mostrar sus grandes amentos amarillos. Las estrechas hojas tienen el haz de color verde lustroso y el envés con un tonalidad azul y constituyen un ornamento en sí mismas.

ficha descriptiva

altura	hasta unos 10 m, pero puede podarse a intervalos regulares
rusticidad	zonas 2-7 (*S. caprea*, 4)
exposición	pleno sol
tipo de suelo	casi todos, excepto los someros y áridos
pH del suelo	de ácido a moderadamente alcalino
país de origen	Europa del norte (Suecia, Noruega)

El sauce dafnoide es una especie muy robusta que prospera en lugares abiertos y suelos pobres y húmedos, pero que se desarrolla peor en suelos secos o poco profundos y alcalinos. No crece bien cuando se encuentra a la sombra.

Otros árboles

La variedad cultivada «Aglaia», muy rara o quizás inexistente en jardines de algunos países como España, es un clon masculino seleccionado por sus amentos, que poseen un impresionante colorido amarillo brillante. Sus brotes difieren de los de la especie en que carecen de pruina y adquieren un color rojo brillante en invierno.

El sauce cabruno, *Salix caprea*, del noroeste y el oeste de Eurasia, ha dado lugar a un importante número de atractivas variedades cultivadas, que resultan apropiadas para los pequeños jardines. La forma masculina «Kilmarnock» y la femenina «Weeping Sally» son arbolillos muy ornamentales en forma de parasol que no suelen superar los 2 m de altura; la primera se distingue fácilmente de la segunda por sus amentos lanosos y su color gris plateado.

Los tallos, de color gris púrpura (superior y superior derecha), combinan a la perfección con grupos de plantas con tallos de otros colores, tales como cornejos y otros sauces. Una agrupación de plantas como ésta, dentro de la perspectiva visual que se tiene desde una ventana, proporciona un agradable color invernal.

Las hojas (superior) pueden alcanzar los 10 cm de longitud y son muy rizadas. El envés es de color verde azulado en la hoja joven, en contraste con el haz, que es de un color verde más brillante. Los brotes jóvenes son de una tonalidad parda purpúrea brillante o amarilla.

Salix matsudana «Tortuosa»
Sauce tortuoso, sauce de Pekín

Cat.: *Desmai*

Eusk.: *Zume negartia*

Salicaceae

ficha descriptiva

altura	hasta unos 12 m
rusticidad	zona 6
exposición	pleno sol
tipo de suelo	húmedo
pH del suelo	moderadamente ácido o alcalino
país de origen	China

Este árbol, bastante común en jardines, parques y espacios verdes de países como España, resulta muy apropiado para las personas que busquen una planta que llame la atención. Se trata de uno de los sauces más característicos y se cultiva por sus tallos inusuales y su atractivo follaje. Tiene un hábito erecto, con unas ramas bajas que, a menudo, caen hacia el suelo. En condiciones ideales puede alcanzar unos 12 m de altura, aunque, por lo general, no crece tanto. Las hojas son largas, finas y ligeramente retorcidas, con un marcado contraste entre el haz y el envés. Los brotes son atractivos tanto por su coloración como por su hábito de crecimiento. El efecto de sus tortuosas ramas se aprecia en invierno, cuando no quedan ocultas por las hojas. Al igual que otros sauces, puede y debe podarse drásticamente a intervalos regulares, hasta la altura de la cintura o incluso a alturas superiores, para favorecer un nuevo y más vigoroso crecimiento. Prefiere los emplazamientos soleados con un suelo húmedo. Algunos autores han clasificado esta especie como *S. babylonica* var. *pekinensis* «Tortuosa».

La mayoría de los árboles desarrolla una forma estrecha y erecta (izquierda) con una copa redondeada. Si se desea, puede realizarse una poda a escasa altura para dejar a la vista un tronco despejado.

Los frutos son rojos y lustrosos y aparecen en racimos colgantes desde mediados de verano hasta entrado el otoño.

Sorbus aria
Mostajo

Cat.: *Moixera*

Eusk.: *Hostazuria*

Rosaceae

Esta especie, común como árbol ornamental en calles, jardines y parques de Europa, de donde procede, crece de manera silvestre en los pisos montano, subalpino y alpino de casi todas las provincias españolas. Al igual que su congénere *Sorbus aucuparia*, es un árbol resistente y muy ornamental. Por lo general, alcanza unos 12 m, y posee un tronco único y despejado y una copa redondeada y densa. Sus hojas, grandes y simples, tienen el envés velloso y pálido. Las flores, de color blanco crema, aparecen en racimos a mediados de primavera y, posteriormente, dan lugar a grupos de bayas rojas y brillantes que sirven de alimento a los pájaros. Si las bayas se combinan con las tonalidades doradas y ambarinas de las hojas de otoño, el árbol resulta especialmente apreciado por su color otoñal.

ficha descriptiva

altura	hasta unos 12 m
rusticidad	zonas 3-7
exposición	pleno sol o sombra ligera
tipo de suelo	húmedo y adecuadamente drenado
pH del suelo	muy tolerante
país de origen	sur y centro de Europa y Marruecos
observación	propenso al fuego bacteriano

El mostajo no es una especie adecuada para los climas secos. En este sentido, su uso en condiciones poco apropiadas ha afectado negativamente a su popularidad. Por el contrario, se desarrolla adecuadamente en los climas marítimos más frescos del centro y el norte de Europa, donde tolera las inclemencias climáticas costeras, así como los suelos poco profundos y calcáreos. Es muy sensible al fuego bacteriano, de manera que en las zonas donde abunda esta enfermedad se deberán elegir otras especies más resistentes.

Otros árboles

La variedad cultivada «Lutescens» posee una altura y un aspecto general similares a la especie, aunque se diferencia de ella en el haz de sus hojas jóvenes, que está cubierto de una pubescencia de un color crema pálido. «Chrysophylla» conserva un color verde amarillento durante todo el verano antes de adquirir en otoño una tonalidad más brillante próxima al amarillo. El serbal de Suecia, *Sorbus intermedia*, es una especie similar, aunque de mayor tamaño y con las hojas lobuladas. En ocasiones, se emplea como ornamental y posee la ventaja de ser resistente al fuego bacteriano.

Las hojas jóvenes de «Chrysophylla» (superior) poseen un color verde amarillento, aunque en otoño adquieren una tonalidad amarilla mantequilla. Contrastan a la perfección con un fondo de colores más oscuros.

Similar a la especie en cuanto a forma y tamaño, «Lutescens» (izquierda) puede distinguirse en primavera, cuando los haces de sus hojas están cubiertos por una fina pubescencia de color blanco crema.

El árbol de forma típica (derecha) posee un tronco único y corto y una copa ancha y redondeada. Su contorno uniforme permite cultivarlo como un ejemplar aislado o en avenidas y otros grupos formales.

Las hojas (superior) son pinnadas y poseen de 11 a 19 folíolos dentados. Algunos años exhiben excelentes colores otoñales, en tonos rojos y anaranjados.

Sorbus aucuparia
Serbal de los cazadores, serbal silvestre

Cat.: *Moixera de guilla*

Eusk.: *Otsalizarra*

Rosaceae

Se trata, con diferencia, de la especie del género *Sorbus* que se cultiva con mayor frecuencia tanto en Europa, de donde procede, como en Norteamérica. Sus atributos son numerosos y los seleccionadores han sacado partido a su diversidad para obtener una amplia gama de atractivas formas de jardín. La especie desarrolla a veces la altura de un árbol de tamaño medio, de modo que alcanza 15 m o incluso más. Posee una copa ancha y redondeada. Gran parte de su popularidad se debe al brillo y a la abundancia de sus frutos anaranjados o rojos, que eclipsan a las flores blancas a partir de las que se desarrollan; los frutos cuelgan en pesados racimos y, si bien son comestibles para el hombre, las aves sienten una predilección especial. Las hojas compuestas poseen una delicada belleza que se acentúa en otoño, cuando confieren un fino y hermoso colorido que oscila del amarillo al púrpura, pasando por el anaranjado y el rojo.

Este serbal siente predilección por los suelos húmedos, aunque con un drenaje adecuado, así como por los neutros o los ácidos. En la naturaleza, crece a menudo como un árbol de sotobosque. Asimismo, puede cultivarse como un hermoso

ficha descriptiva	
altura	hasta unos 15 m
rusticidad	zonas 3-7
exposición	de pleno sol a sombra moderada
tipo de suelo	húmedo y adecuadamente drenado
pH del suelo	de neutro a ácido
país de origen	Europa y oeste de Asia
observaciones	propenso al fuego bacteriano

ejemplar aislado en el césped. Aunque menos propenso al fuego bacteriano que *S. aria*, no es inmune, de modo que en las zonas donde esta enfermedad abunde deberán elegirse variedades cultivadas más resistentes.

Otros árboles

Cuando el espacio constituye un factor determinante, «Fastigiata» se presenta como un árbol estrecho y de crecimiento lento que rara vez sobrepasa los 6 m de altura. Tanto sus hojas como sus frutos son mayores que en la especie. «Beissneri» posee una copa de ramas con bastante tendencia a crecer. La corteza del tronco, así como de sus ramas mayores, posee un atractivo color pardo anaranjado y sus jóvenes brotes tienen un tono rojo coral. A diferencia de los más comunes «Rossica Major», «Edulis» y «Aspleniifolia», «Beissneri» no se comercializa en España.

Los frutos aparecen en densos racimos a partir de finales de verano y constituyen una fuente de alimentación para las aves. La variedad cultivada «Streetwise» es conocida por la abundancia de sus frutos de color rojo anaranjado. La corteza (extremo derecha) es lisa y gris.

La forma pulcra y redondeada de S. aucuparia *(derecha) constituye uno de los atributos que la hacen especialmente idónea para los pequeños jardines. Las flores aparecen a finales de primavera.*

Sorbus vilmorinii
Serbal de Vilmorin

Cat.: *Server*

Rosaceae

Aunque a primera vista se asemeja al emparentado y más común *S. aucuparia*, esta especie, procedente de China, es, en realidad, bastante diferente y característica. Se trata de un árbol que resulta ideal para los pequeños jardines, ya que en raras ocasiones sobrepasa los 6 m de altura; además, posee una copa ancha y abierta de ramas delgadas. Sus hojas compuestas tienen numerosos foliolos pequeños que le confieren un delicado aspecto de helecho. Los frutos, que se desarrollan a partir de las flores de color blanco crema, poseen un tono rojo intenso, aunque, posteriormente, van adquiriendo gradualmente diversas tonalidades rosadas hasta tornarse blancos cuando maduran. Aparecen en racimos colgantes y, a menudo, todavía se conservan en otoño, hasta principios de invierno, lo que ofrece un hermoso contraste con las hojas otoñales de un color rojo intenso y púrpura. Los requisitos de cultivo son similares a los de *S. aucuparia*: un suelo húmedo, aunque adecuadamente drenado, que oscila de neutro a ácido,

Las delicadas hojas (superior) se componen de hasta 25 foliolos, cada uno de ellos de 2,5 cm de longitud. Son de color verde grisáceo y, en otoño, se tornan de un color púrpura o rojo intenso.

ficha descriptiva

altura	hasta unos 6 m
rusticidad	zona 3
exposición	de pleno sol a sombra parcial
tipo de suelo	húmedo, adecuadamente drenado
pH del suelo	de neutro a ácido
país de origen	oeste de China

en un lugar soleado o ligeramente a la sombra. El gran inconveniente de este árbol reside en la dificultad de adquisición en algunos países como España.

Otros árboles

Existen diversas especies de frutos pálidos, originarias de China. *S. hupehensis* tiene unas bayas teñidas de un color rosado que, a menudo, se conservan hasta bien entrado el invierno. Este serbal alcanza los 10 m de altura y se reconoce por sus hojas de color verde grisáceo plateado. *S. cashmeriana* posee un tamaño menor (puede alcanzar unos 8 m) y tiene unos frutos de color blanco que cuelgan de unos cabillos rojos, así como unas insólitas flores rosadas.

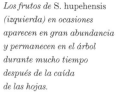

Los frutos de S. hupehensis *(izquierda) en ocasiones aparecen en gran abundancia y permanecen en el árbol durante mucho tiempo después de la caída de las hojas.*

Las bayas son pequeñas esferas con delgados cabillos que cuelgan en racimos. En un primer momento, son de un color rojo oscuro, aunque, posteriormente, se tornan rosas y, más tarde, blancas.

Staphylea holocarpa
Staphyleaceae

Las hojas son trifoliadas, con foliolos estrechos y puntiagudos.

Pese a su ausencia en muchos catálogos de viveros europeos, *Staphylea holocarpa* es un arbolillo tan atractivo como versátil para el pequeño jardín. Su hábito es variable y, a menudo, se presenta como un ejemplar más arbustivo y amplio que arbóreo. No obstante, en ocasiones puede alcanzar los 10 m de altura y poseer diversos troncos y una ancha copa. Sus hojas son trifoliadas y aparecen en primavera, más o menos al mismo tiempo que las laxas panículas de flores blancas. Estas últimas generan unos vistosos frutos en forma de vejiga que persisten hasta bien entrado el otoño.

S. holocarpa es un árbol muy adaptable, capaz de crecer en cualquier tipo de suelo fértil, tanto a pleno sol como en sombra parcial. Cuando se planta en un gran arriate de arbustos, esta especie proporciona un atractivo follaje, además del interés primaveral y otoñal propio de sus flores y frutos.

ficha descriptiva

altura	hasta unos 10 m, pero por lo general menos
rusticidad	zona 6
exposición	de pleno sol a sombra parcial
tipo de suelo	cualquier suelo fértil y adecuadamente drenado
pH del suelo	moderadamente ácido o alcalino
país de origen	centro de China

Otros árboles

La variedad cultivada «Rosea» posee unas flores rosadas y, en el centro de Europa, es común en cultivo. Aunque adquieren un color verde brillante, las hojas, cuando nacen, poseen una tonalidad broncínea. Existen diversas especies cultivadas del género *Staphylea*. La mayoría son arbustos y entre ellos destaca *S. colchicus*, una especie del Cáucaso, cuyas flores blancas están dispuestas en panículas largas y erectas que preceden a cápsulas de 10 cm de longitud.

Las flores, de color blanco (superior), se abren a partir de capullos de color rosa hacia mediados de primavera y están dispuestas en panículas cortas y péndulas. La variedad cultivada «Rosea» (derecha), popular en algunos países europeos, posee unas flores rosadas.

Las llamativas flores tienen 5 pétalos blancos y aparecen entre principios y mediados de verano.

Stewartia sinensis
Stewartia china
Theaceae

E sta especie, menos conocida que la falsa camelia de Japón, *S. pseudocamellia*, comparte muchos de los atributos de su congénere, aunque posee una forma más compacta, que resulta más apropiada para el pequeño jardín. Alcanza unos 6 m de altura, y posee una copa ancha que tiende a dividirse a escasa altura en una serie de tallos principales. La corteza, que se exfolia de forma evidente, constituye uno de sus atributos principales y la eleva al rango de árbol durante todas las estaciones. El color de la corteza varía considerablemente de un árbol a otro e incluso dentro del mismo árbol, y oscila desde el castaño herrumbroso hasta el gris, pasando por el amarillo pálido. Las fragantes flores son copas abiertas de color blanco crema que, si bien poseen una breve vida, florecen en sucesión durante aproximadamente un mes, entre principios y mediados de verano. El color otoñal de las hojas no es fiable, aunque en los años idóneos varía del rojo brillante al anaranjado.

A pesar de tratarse de una de las *Stewartia* más robustas, *S. sinensis* siente predilección por los emplazamientos protegidos y se desarrolla adecuadamente a la sombra de los árboles de gran tamaño. Requiere un suelo húmedo, fértil y ácido y su ubicación deberá elegirse con sumo cuidado, puesto que tolera muy mal los trasplantes cuando ya está crecida. La poda es innecesaria y es poco probable que con ella pueda conseguirse un tronco central dominante.

El color de la corteza (inferior) varía del gris plateado al anaranjado y, a menudo, se exfolia de una forma muy atractiva.

ficha descriptiva

altura	hasta unos 6 m
rusticidad	zonas 5-7 (*S. pseudocamellia*, 5-8; *S. serrata*, 6)
exposición	sombra parcial y protección (en climas fríos)
tipo de suelo	húmedo y fértil
pH del suelo	ácido
país de origen	centro de China

Otros árboles

Existen diversas especies del género *Stewartia* con atributos similares, de modo que la elección deberá basarse en el tamaño, la facilidad de cultivo y la disponibilidad. La falsa camelia, *S. pseudocamellia*, es probablemente la mejor para el uso general (y algo menos rara en España que *S. sinensis*), aunque resulta demasiado grande para los jardines de dimensiones más reducidas, ya que supera los 15 m de altura si las condiciones son adecuadas. Debido a su corteza multicolor y a sus hermosos tonos otoñales amarillos y rojos, es quizás una de las especies más espectaculares. *S. serrata* es un pequeño árbol japonés que alcanza unos 10 m de altura. Sus flores aparecen antes que en otras especies, hacia mediados o finales de primavera, y los pétalos poseen un color rojo en la base. La stewartia de Virginia, *S. malacodendron*, es una especie menos robusta (zona 7), que posee una altura y unas necesidades similares a *S. sinensis*.

S. sinensis (derecha) es un árbol de reducido tamaño, a menudo con una ramificación baja que forma una copa ancha con unas ramas de atractiva corteza.

Los frutos de color gris pálido de S. japonica *son delicadas esferas que cuelgan de unos largos cabillos.*

Styrax japonica
Estoraque japonés

Styracaceae

Se trata de la especie más extendida del género, ya que su cultivo es sencillo, es fiable en cuanto a la producción de flores y relativamente fácil de adquirir. Asimismo, se trata de un árbol que posee un tamaño adecuado para un pequeño jardín, ya que sólo ocasionalmente supera los 10 m de altura. Sus delgadas ramas se extienden bastante en anchura y constituyen un entramado del que cuelgan abundantes flores blancas entre mediados de primavera y principios de verano. Los frutos pasan a menudo inadvertidos debido a su pequeño tamaño, aunque son unas esferas ovoides y delicadas a las que vale la pena examinar de cerca. La corteza lisa y de color gris ofrece un interesante contraste con el oscuro follaje.

El estoraque japonés requiere un suelo húmedo y ácido, así como una exposición a pleno sol o en sombra parcial y, sobre todo, cuando se halla en zonas frías o de importante viento, le conviene permanecer al resguardo. Debido a la disposición de sus péndulas flores, debajo de las ramas de denso follaje, a menudo se planta en un emplazamiento elevado, en un terraplén o un arriate alto, para poder contemplarlo desde abajo. En un pequeño jardín, donde su amplitud no tiene fácil cabida, se puede podar cuando es joven para intentar conferirle un porte más erecto con una guía central. No obstante, es probable que con este procedimiento sólo se consi-

ficha descriptiva	
altura	hasta unos 10 m
rusticidad	zonas 4-8 (*S. obassia*, 5-8)
exposición	de pleno sol a sombra parcial
tipo de suelo	húmedo, adecuadamente drenado
pH del suelo	ácido
país de origen	Japón, Corea

ga un éxito parcial, de modo que lo mejor es dejar que se desarrolle de forma natural.

Otros árboles

«Pink Chimes» es la variedad cultivada más conocida de la especie, aunque en España es todavía bastante menos común que el estoraque japonés. Produce abundantes flores rosadas, incluso en las plantas jóvenes. El estoraque oloroso, *S. obassia*, una especie cuyo cultivo está siendo importante en España, forma un arbusto de grandes dimensiones o un árbol de reducido tamaño, de una altura de hasta 12 m y con una copa erecta y, a menudo, con múltiples troncos. Sus fragantes flores son de color blanco, poseen las anteras amarillas, y están dispuestas en racimos horizontales de hasta 15 cm de longitud. Un rasgo notable son sus hojas casi redondeadas, que poseen un delicado ápice de goteo, y que se tornan de color amarillo en otoño.

Las flores de Styrax obassia *son blancas y poseen unas anteras amarillas (superior). Cada una de ellas mide unos 2,5 cm de largo y aparece en racimos horizontales entre mediados de primavera y principios de verano.*

S. japonica *(derecha) forma un árbol de denso follaje con ramas bajas que se curvan hacia el suelo.*

Las hojas de Styrax obassia *(izquierda) son casi circulares y poseen un fino ápice. El envés gris azulado y cubierto de finos pelos contrasta con el haz más oscuro. En otoño se tornan amarillas.*

Las flores, de color blanco crema, están dispuestas en grandes panículas de aspecto espumoso.

Syringa reticulata
Lilo japonés

Cat.: *Lilà*

Oleaceae

Esta especie constituye uno de los escasos lilos que puede describirse como un verdadero árbol, ya que es capaz de alcanzar los 8 m de altura y casi la misma anchura. Su forma final es variable y depende, hasta cierto punto, de las podas de formación. Los árboles con el tronco despejado son los que mejor muestran la corteza castaña y brillante, cuyas lenticelas horizontales le confieren cierto aspecto de cerezo. Sus flores son blancas y aparecen en largas panículas de hasta 30 cm de longitud entre mediados y finales de primavera. Su fragancia es menos agradable que en muchos otros lilos y recuerda a la del aligustre.

Al igual que otros lilos, esta especie resulta útil en los emplazamientos secos, en especial los que poseen un suelo poco profundo y alcalino. No obstante, en suelos especialmente pobres conviene cubrir la tierra con mantillo o abonarla ocasionalmente. Donde mejor florece esta planta es a pleno sol, aunque tolera la sombra ligera, lo que en zonas frías puede ayudar a reducir los posibles daños causados por las heladas. Si lo que se desea es que adquiera la forma de árbol, el guiado deberá iniciarse en una etapa temprana mediante una poda por etapas tanto de las ramas laterales como de los tallos secundarios.

ficha descriptiva	
altura	hasta unos 8 m
rusticidad	zonas 3-7
exposición	pleno sol
tipo de suelo	adecuadamente drenado
pH del suelo	de moderadamente ácido a alcalino
país de origen	Japón

Otros árboles

Esta especie ha dado lugar a una serie de variedades cultivadas que se han seleccionado o por su producción constante de flores o por su forma especial. «Ivory Silk» es un poco menor que la especie; mide unos 6 m de altura y posee una forma arbórea más compacta. También tiene fama de proporcionar abundantes flores. «Summer Snow» tiene una copa ancha y redondeada y unas hermosas hojas de color verde lustroso.

S. reticulata (derecha) forma a menudo un árbol con diversos troncos y una densa copa de follaje oscuro. Entre mediados y finales de primavera, la copa queda casi por completo cubierta de flores.

Las hojas, de un color verde oscuro (izquierda) miden hasta 13 cm de longitud y, a menudo, confieren un atractivo color otoñal.

Taxus baccata
Tejo común

Cat.: *Teix*

Eusk.: *Hagina*

Gall.: *Teixo*

Taxaceae

El follaje típico se compone de hileras de acículas blandas y puntiagudas de unos 2,5 cm de longitud. Las numerosas especies cultivadas difieren por la coloración, la disposición y la textura de su follaje y ofrecen a los paisajistas una gama muy extensa de posibilidades.

Tanto en la naturaleza como en los cultivos, el tejo común puede alcanzar una importante altura y ser longevo. Sus usos funcionales y ornamentales son innumerables, desde la creación de setos vivos y pantallas visuales hasta el ejemplar aislado o la plantación de avenidas. Para los paisajes a pequeña escala, así como para los jardines domésticos, existen numerosas variedades cultivadas más compactas que tienen en común con la especie su gran capacidad de adaptación. Aunque presentan coloraciones variables y toda una serie de texturas, su follaje perenne y exuberante es su principal rasgo de interés. Las plantas femeninas producen, además, unos atractivos frutos que, a pesar de albergar semillas venenosas, son muy apreciados por las aves. La corteza se torna surcada y tortuosa con el paso del tiempo, lo que confiere un gran carácter al árbol.

El tejo común prospera en cualquier tipo de suelo con un buen drenaje, desde arcillosos alcalinos y húmedos hasta arenosos ácidos y secos. Aunque suele tolerar bien las inclemencias climáticas, los fríos vientos pueden tornar pardo su follaje. Uno de los atributos más útiles del árbol es su capacidad de soportar las podas incluso extremas, aunque es

T. baccata «Standishii» (inferior y derecha) combina una forma poco usual con un follaje brillante y unos frutos muy coloreados. Su follaje dorado resulta especialmente intenso durante los meses invernales.

La corteza adquiere una interesante muestra de curvas y huecos. En los árboles más viejos, se exfolia en escamas y exhibe toda una gama de rosados y castaños herrumbrosos.

suficiente con recortarlo a intervalos regulares para que adopte casi cualquier forma, desde la de una topiaria formal y geométrica hasta la de una masa informe.

Otros árboles

El tejo irlandés «Fastigiata» es una selección femenina que forma una columna de follaje verde oscuro y que posee las hojas dispuestas radialmente en torno a los brotes. Empieza siendo estrecho, aunque se ensancha con el paso del tiempo, y puede alcanzar hasta 8 m de altura. Resulta especialmente idóneo para los emplazamientos formales y, a menudo, sus ramas se perfilan para obtener una copa plana. «Standishii» es otra variedad cultivada femenina, morfológicamente similar, que crece con lentitud y tiene las hojas doradas. «Adpressa Variegata» es masculino y crece hasta unos 2 m; su follaje joven es dorado, aunque se va tornando de color verde y los bordes adquieren una tonalidad amarillenta.

Tetradium daniellii
Evodia de Danielli
Theaceae

Las hojas pinnadas miden unos 25 cm de longitud y tienen hasta 11 foliolos no dentados. Al estrujarlas, desprenden un vapor muy aromático.

Esta evodia es un árbol poco común, tanto en los jardines de Europa como en los de Norteamérica. Sus encantos, aunque moderados, son numerosos, de modo que vale la pena considerar su uso en jardines de dimensiones medias en los que se desee una planta fuera de lo común. Su tamaño es variable, aunque suele alcanzar unos 8 o 10 m de altura, una cifra que es similar a su anchura. Sus hojas pinnadas poseen hasta 11 foliolos con el haz oscuro y lustroso. Las flores son de color blanco crema y, si bien son pequeñas, se disponen en grandes inflorescencias aplanadas que pueden cubrir casi por completo la copa de un árbol maduro. Aparecen hacia mediados de verano, y su intenso olor atrae bastante a las abejas. Dan lugar a densos racimos de pequeños frutos de color rojo púrpura que se tornan de una tonalidad negra antes de escindirse para revelar las semillas.

La evodia de Danielli es un árbol adaptable, poco exigente en cuanto a los tipos de suelo y valores de pH y con el valor ornamental suficiente para convertirse en un perfecto ejemplar aislado. Aunque probablemente resulta difícil de adquirir en España, puede encontrarse con relativa facilidad en algunos viveros franceses, británicos, alemanes u holandeses, a menudo con su antiguo nombre de *Euodia daniellii*.

Otros árboles

De las 9 especies del género *Tetradium*, ésta es la única que se cultiva con cierta frecuencia en Europa. Su pariente próximo, el árbol corchero del Amur, *P. amurense*, es quizás algo más común en España y crece hasta una altura similar. Aunque posee cierta similitud en muchos aspectos, se diferencia fácilmente de *T. daniellii* por la corteza áspera y suberosa, gracias a la cual ha recibido su nombre. Las flores son poco vistosas, de color verde amarillento, y las hojas adquieren una tonalidad amarillenta en otoño.

Los frutos son de color rojo herrumbroso o púrpura, con pequeños «picos» en el ápice, aunque se van tornando gradualmente negros antes de abrirse.

T. daniellii *suele desarrollar un contorno pulcro y simétrico (derecha y extremo derecha), con un tronco único y una copa redondeada y abierta.*

ficha descriptiva	
altura	normalmente 8-10 m, aunque puede crecer hasta 15 m
rusticidad	zona 4
exposición	de pleno sol a sombra parcial
tipo de suelo	fértil, adecuadamente drenado
pH del suelo	moderadamente ácido o alcalino
país de origen	China, Corea

Las flores, de intenso aroma (superior izquierda), están dispuestas en inflorescencias ramificadas. Las masculinas tienen anteras de color amarillo brillante y están separadas de las femeninas. La corteza (superior derecha) es lisa y de color gris oscuro, a menudo con atractivas motas beige o gris.

Tilia mongolica
Tilo de Mongolia

Cat.: *Tell*

Eusk.: *Erki*

Gall.: *Tilleira*

Tiliaceae

Aunque no es fiable para conferir un color otoñal, en los buenos años, sus hojas proporcionan una hermosa exhibición de tonalidades amarillas.

Las hojas (inferior) son redondeadas y poseen unos dientes irregulares y desiguales, así como un largo ápice. Se van oscureciendo gradualmente durante el verano antes de colorearse en otoño.

ficha descriptiva

altura	hasta unos 10 m
rusticidad	zona 3
exposición	de pleno sol a sombra moderada
tipo de suelo	fértil y húmedo, aunque adecuadamente drenado
pH del suelo	moderadamente ácido o alcalino
país de origen	Mongolia, norte de China y este de Rusia

Esta bella especie asiática, que resulta poco típica de su género, constituye uno de los escasos tilos apropiados para los pequeños jardines. Rara vez sobrepasa los 10 m de altura y posee una copa redondeada y lo suficientemente compacta para ocupar un espacio moderadamente limitado. Sus hojas tienen unos vistosos pecíolos largos y rojizos y unos dientes puntiagudos e irregulares, y se asemejan más a las de un majuelo de hojas grandes que a las de un tilo. A menudo teñidas de rojo cuando son jóvenes, posteriormente se tornan de un color verde oscuro y lustroso y adquieren una hermosa tonalidad otoñal amarillo dorada. Las flores aparecen hacia principios de verano y son más notables por su olor que por su aspecto. En la naturaleza, esta especie vive en importantes altitudes en las laderas de las montañas, motivo por el cual está especialmente preparada para sobrevivir a los climas más fríos.

Esta especie prefiere los suelos razonablemente fértiles con un pH no demasiado alejado del neutro. Tolera bastante mal la falta de agua y es conveniente regarlo durante las sequías y empajar el suelo o cubrirlo con mantillo para conservar la humedad. Al igual que otros tilos, las podas de formación graduales, pero repetidas, favorecen el desarrollo de una guía central y evitan la aparición de débiles horcaduras. Esta especie se considera menos propensa que otros tilos a las infestaciones por pulgones, así como al goteo resultante de secreciones azucaradas. También resulta ideal como ejemplar aislado en un pequeño jardín.

Otros árboles

T. mongolica «Harvest Gold» es una variedad cultivada que ha recibido su nombre en fechas bastante recientes. Procede del híbrido del tilo de Mongolia y del tilo de hoja pequeña, *T. cordata*. Alcanza unos 12 m de altura y posee unas hojas menos profundamente lobuladas, así como una corteza que se exfolia con el transcurso del tiempo.

Las flores (superior) son de un color amarillo pálido y cuelgan en pequeños racimos hacia principios de verano. Llaman más la atención por su fragancia que por su aspecto.

La corteza (superior) es gris pálida o marrón, con una superficie lisa, pero con mucha textura. T. mongolica (derecha) desarrolla un árbol erecto, por lo general con un único tronco dominante, y es lo suficientemente adaptable para crecer a la sombra de árboles mayores.

Las hojas en forma de abanico redondeado (superior) alcanzan 1,2 m de diámetro, tienen el haz de color verde lustroso y el envés verde azulado. Por su gran tamaño, son especialmente útiles para crear un contraste de escala en las zonas templadas o templadas frías.

Trachycarpus fortunei
Palmito elevado, palmera de Fortune

Cat.: *Palmera excelsa*

Palmae

El palmito elevado es una de las escasas palmeras lo suficientemente robustas como para crecer en zonas de clima templado frío, donde confiere cierto aire tropical a los jardines. El principal rasgo ornamental de esta planta son sus enormes hojas en forma de abanico redondeado, similares a las del palmito *C. humilis*, pero con las puntas generalmente rasgadas y colgantes. Dichas hojas están provistas de un pecíolo grueso y espinoso que sale del fibroso tronco y que permanece durante muchos años. El árbol puede alcanzar 10 m de altura y nunca se extiende más allá de la anchura de sus hojas. Las flores son diminutas, están dispuestas en densos penachos con gruesos cabillos y aparecen hacia finales de primavera. Aunque es bastante robusto, en las zonas frías, este árbol vegeta mejor en lugares situados al resguardo, ya que sus hojas son muy sensibles a los vientos fríos.

El palmito elevado crece en muchos tipos de suelo con un drenaje adecuado, aunque sólo tolera el pleno sol o la sombra ligera. La única poda que necesita se limita a la eliminación ocasional de las hojas secas hasta dejar un corto tocón del pecíolo sobre el tronco. Por su forma única resulta muy apropiado como ejemplar aislado.

Otros árboles

La cordiline (*Cordyline australis*), originaria de Nueva Zelanda, no es una palmera verdadera, sino un agave. Suele tener un único tronco con diversas ramas gruesas y ascendentes, cada una terminada en una corona de hojas afiladas en forma de espada. Más adaptado al clima mediterráneo, el palmito (*Chamaerops humilis*) es la única palmera que crece de forma espontánea en Europa. Muy resistente a la sequía y poco exigente en cuanto al tipo de suelo, esta especie suele tener varios troncos, y crece hasta unos 4 m de altura.

Por su follaje y su forma inusuales, T. fortunei *(derecha) resulta muy original en las zonas de clima templado frío. Pese a su rusticidad, también resiste muy bien el calor y vegeta sin problemas en zonas más cálidas.*

El tronco está cubierto de una densa capa fibrosa. A diferencia de la mayoría de los árboles, está formado por la generación de las nuevas hojas y no aumenta de diámetro una vez constituido. Las hojas secas deberán podarse hasta dejar un corto tocón del pecíolo (extremo derecha).

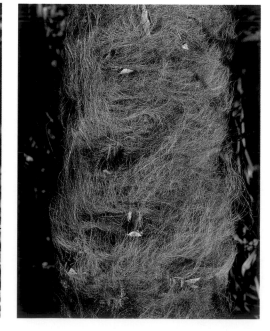

Ulmus glabra «Camperdownii»
Olmo de Camperdown

Cat.: *Oma*

Eusk.: *Zumarr*

Gall.: *Llamargueiro*

Ulmaceae

Las hojas resultan especialmente atractivas cuando son jóvenes, ya que sus vistosas venas les confieren una apariencia plisada. Al envejecer, sus haces se tornan cada vez más ásperos al tacto.

<table>
<tr><td colspan="2">ficha descriptiva</td></tr>
</table>

altura	hasta unos 6 m
rusticidad	zonas 4-6
exposición	pleno sol o sombra ligera
tipo de suelo	muy tolerante
pH del suelo	ácido o alcalino
país de origen	Europa, norte y oeste de Asia (la especie)
observación	es propenso a la grafiosis

Esta versión compacta del olmo montano (*U. glabra*), que se cultivó por primera vez en Camperdown, en Escocia, en 1850, constituye uno de los mejores árboles de porte llorón para el pequeño jardín. La forma de este árbol, que crece con bastante lentitud hasta formar una bóveda circular de unos 6 m de altura, se crea injertando la parte péndula del árbol sobre un tronco recto a unos 2 m de altura. Durante el verano, sus ásperas hojas, semejantes al papel de lija, forman un dosel continuo que desciende en cascada hasta el suelo. En otoño se vuelven amarillas antes de caer y dejar al descubierto una impresionante estructura de ramas péndulas y desnudas. Esta especie debe plantarse donde pueda expandirse en toda su redondeada extensión y resulta especialmente idónea como ejemplar aislado en un césped. Sus adustas ramas invernales resultan especialmente espectaculares contra el fondo oscuro y perennifolio de un tejo o un acebo.

Al igual que muchos árboles de porte llorón, este olmo apenas responde a las podas, de modo que tan sólo deben recortarse los extremos de las ramas y la madera muerta. Se tra-

Vistas desde abajo, las sinuosas ramas constituyen un atractivo rasgo de este árbol durante todo el año.

Los frutos están dispuestos en pequeños racimos y cada uno de ellos consiste en una semilla única rodeada por un ala circular. Aunque son pequeños, su coloración verde amarillenta los hace destacar contra las hojas nuevas que les rodean.

Las diminutas flores rojizas están dispuestas en glomérulos redondeados y aparecen antes que las hojas, durante la primavera.

Hacia finales de primavera, las nuevas hojas coinciden con los alados frutos (derecha) y cubren el esqueleto de ramas descendentes.

ta de un árbol robusto que resiste los embates del viento y las salpicaduras marinas y que vegeta bien en muchos tipos de suelo. Aunque es propenso a la grafiosis de los olmos, resulta mucho más resistente que la especie.

Otros árboles

La variedad cultivada «Pendula» («Horizontalis») posee una copa aplanada y, si bien rara vez sobrepasa los 8 m de altura, su extensión es, a menudo, mayor. Mucho más común que estas variedades cultivadas de *U. glabra*, el olmo de Siberia (*Ulmus pumila*) se utiliza en España para formar alineaciones en calles, o grupos en parques y jardines.

Seleccionador de árboles

Las siguientes páginas proporcionan una selección de árboles notables a través de una o varias de las seis características deseables. Cada una de estas selecciones puede reducirse en mayor medida al revisar tanto las tolerancias del árbol como otros rasgos atractivos. Esta información le ayudará a elegir los mejores árboles para un emplazamiento o una situación concretos. Así, por ejemplo, si se necesita un árbol que aporte interés invernal a un jardín con un suelo con un drenaje pobre, la columna «interés invernal» muestra que existe un importante número de árboles que cumplen esos requisitos, entre ellos *Ilex aquifolium* y *Salix daphnoides* «Aglaia».

En el sentido de las agujas del
reloj, desde el ángulo superior
izquierdo:
Aesculus pavia
Amelanchier lamarckii
Cercis canadensis
Crinodendron hookerianum
Embothrium coccineum
Laburnum x *watereri*
Lagerstroemia indica x *fauriei*
Magnolia stellata
Centro:
Prunus x *subhirtella*

Flores atractivas

Las flores constituyen uno de los indicadores del cambio de las estaciones más evidentes del jardín. Adoptan todos los tamaños y formas, desde los pequeños y delicados racimos de los arces «de corteza de serpiente» hasta las llamativas copas de las magnolias. Algunos árboles, como *Amelanchier lamarckii*, proporcionan una exhibición floral tan efímera como espectacular, mientras que otros, como *Ligustrum lucidum*, poseen una menos intensa floración, aunque su duración es mayor. De especial interés son las especies que florecen muy tempranamente o en fechas tardías, cuando pocas plantas están en flor. Para que exista variación en el jardín es importante elegir árboles que proporcionen contraste y una secuencia de floración que abarque la mayor parte del año.

NOMBRE/DESCRIPCIÓN	tolera los suelos pesados y arcillosos	tolera los suelos alcalinos	tolera los suelos con drenaje inadecuado	tolera los suelos secos	tolera las salpicaduras marinas	tolera la exposición a las inclemencias	tolera los fríos extremos	perennifolia	tamaño compacto	frutos o piñas atractivos	interés del follaje	color otoñal	corteza atractiva	interés invernal
Aesculus pavia Posee flores de color carmesí brillante que salen en primavera	●	●								●		●		
Amelanchier lamarckii «Ballerina» Las flores, en forma de estrella, aparecen a principios de primavera	●		●									●		
Aralia elata Las flores en blancas panículas aparecen desde mediados de verano hasta principios de otoño	●	●	●							●	●			
Cercis canadensis Las flores papilionáceas aparecen en primavera antes que las hojas, directamente desde los tallos		●		●						●		●		
Chionanthus virginicus Las flores, fragantes y con pétalos largos y estrechos, aparecen en primavera		●							●			●		
Cornus kousa Las brácteas florales, de color blanco crema, cubren las ramas en primavera										●		●		
Crataegus laevigata «Paul's Scarlet» Las flores dobles, de color rosa intenso, aparecen en primavera	●	●	●		●	●				●		●		
Crinodendron hookerianum Las flores, semejantes a linternas carmesíes, aparecen en primavera								●	●					
Embothrium coccineum Las flores, estrechas y tubulares, aparecen a finales de primavera		●						●						
Eucryphia glutinosa Las flores, fragantes y blancas, con estambres de ápice rojo, aparecen en verano								v				●		
Halesia carolina Las flores, de color blanco níveo, cuelgan en racimos en primavera		●								●				
Hoheria glabrata Las flores, de olor dulce, penden de ramas arqueadas hacia principios de verano		●		●					●					
Koelreuteria paniculata Las panículas de flores amarillas aparecen a finales de primavera o principios de verano		●		●					●					
Laburnum x *watereri* Los racimos colgantes de flores papilionáceas aparecen hacia finales de primavera	●	●		●		●								
Lagerstroemia indica x *fauriei* Poseen flores en la madera nueva, entre verano y otoño			●									●	●	●
Ligustrum lucidum Poseen panículas de fragantes flores blancas a principios de verano	●	●	●										●	
Magnolia stellata Las deslumbrantes flores blancas salen de unos vistosos capullos lanosos en primavera	●								●	●				
Malus hupehensis De los capullos florales rosados salen grupos de flores blancas con largos cabillos	●	●								●				
Prunus x *subhirtella* Pequeñas flores de color rosa pálido aparecen antes que las hojas hacia principios de primavera	●	●										●		
Styrax japonicus Las flores, de color blanco, cuelgan en gran abundancia en primavera y principios de verano		●								●				

CLAVE

P *primavera* ■ **V** *verano* ■ **O** *otoño* ■ **I** *invierno*

s *semiperennifolia*

En el sentido de las agujas del
reloj, desde el ángulo superior
izquierdo:
Arbutus unedo
Ficus carica
Halesia carolina
Ilex aquifolium
Malus floribunda
Morus nigra
Ptelea trifoliata
Rhus typhina
Centro:
Sorbus aucuparia

Frutos o piñas atractivos

Muchos árboles poseen unos frutos de colores que suelen madurar a finales de verano y en otoño y que aportan interés al jardín en una época con escasas plantas en flor. Las bayas de numerosos árboles constituyen una fuente de alimentación para las aves, mientras que otras (como las de *Crataegus* x *lavallei*) son menos comestibles y perduran hasta bien entrado el invierno. Las piñas de las coníferas se conservan a menudo bastante tiempo después de haber perdido las semillas, de modo que aportan interés durante todo el año. Algunas especies son conocidas por la originalidad de sus frutos; los «helicópteros» alados de los arces, por ejemplo, son muy apreciados por los niños, mientras que los frutos en forma de linterna de *Koelreuteria paniculata* rivalizan en belleza con las flores.

NOMBRE/DESCRIPCIÓN	tolera los suelos pesados y arcillosos	tolera los suelos alcalinos	tolera los suelos con drenaje inadecuado	tolera los suelos áridos	tolera las salpicaduras marinas	tolera la exposición a las inclemencias	tolera los fríos extremos	perennifolia	tamaño compacto	flores atractivas (estación del año)	interés del follaje	color otoñal	corteza atractiva	interés invernal
Acer japonicum Los frutos cuelgan en pares y poseen unas alas teñidas de rojo										P	●	●		
Arbutus unedo Los frutos rojos proceden de las flores del año anterior y maduran en otoño	●			●	●		●			O	●		●	●
Cornus alternifolia Los pequeños frutos negros purpúreos se forman en racimos hacia mediados de verano										V	●			
Crataegus x *lavallei* «Carrierei» Los frutos, de color rojo anaranjado, permanecen en el árbol durante el invierno	●	●	●		●	●				P	●			●
Euonymus hamiltonianus Los frutos de colores llamativos maduran a finales de verano	●	●		●			●				●			
Ficus carica Los frutos, durante el verano, pasan del verde al morado, al pardo purpúreo o al púrpura negruzco (o permanecen verdes) según las variedades		●		●							●			
Halesia carolina Los atractivos frutos verdes con 4 «alas» los recorren de arriba abajo			●							P				
Ilex aquifolium Las variedades cultivadas femeninas producen bayas brillantes que perduran hasta entrado el invierno	●	●		●	●		●	●			●			●
Koelreuteria paniculata Los grandes frutos, en forma de linterna, pasan del verde brillante al marrón		●		●						P/V	●			
Magnolia x *soulangiana* Los frutos, dispuestos en racimos nudosos, se tornan rosados cuando maduran	●			●						P				
Malus floribunda Las manzanas en miniatura son brillantes, amarillas y, a menudo, se tiñen de rosado o de rojo	●	●							●	P				
Morus nigra Los frutos son similares a frambuesas, y resultan excelentes tanto frescos como en mermeladas y jaleas		●									●	●		
Photinia villosa Las bayas, rojas y brillantes, maduran a principios de otoño			●							P		●		
Pinus aristata Las piñas, de forma ovalada, poseen escamas terminadas en una espina				●		●	●	●	●					●
Ptelea trifoliata Los frutos consisten en un par de semillas rodeadas por un ala ancha y circular	●								●	V				
Rhus typhina Las densas panículas de frutos peludos y rojos persisten con posterioridad a las hojas	●	●		●								●		●
Sorbus aucuparia Los frutos son brillantes, rojos o anaranjados y se producen en gran abundancia	●	●								P		●		
Staphylea holocarpa Los vistosos frutos en forma de vejiga persisten hasta muy entrado el otoño	●									P				
Taxus baccata «Fastigiata» Las plantas femeninas producen atractivos frutos que son muy apreciados por las aves	●	●	●		●	●	●	●			●		●	●
Tetradium daniellii Los densos ramos de pequeños frutos de color rojo purpúreo se tornan negros al madurar		●								V		●		

CLAVE

P *primavera* ■ **V** *verano* ■ **O** *otoño* ■ **I** *invierno*

En el sentido de las agujas del reloj, desde el ángulo superior izquierdo:

Acer palmatum «Atropurpureum»

Azara microphylla

Chamaecyparis obtusa «Nana Aurea»

Cryptomeria japonica «Elegans»

Eucalyptus gunnii

Ficus carica

Ilex opaca

Pyrus salicifolia

Centro:

Trachycarpus fortunei

Interés del follaje

Aunque todos los árboles que se merecen un lugar en el jardín deben contribuir al paisaje general, algunas especies poseen un papel especial a la hora de realzar el jardín, ya sea porque sus hojas tienen un color inusual o porque su forma resulta espectacular. Si se usan con moderación, estas plantas pueden «alegrar» un arriate monótono o convertirse en un punto focal en un sector importante del jardín. Para incrementar el efecto visual puede emplearse una combinación de plantas con follajes contrastados; así, por ejemplo, la delicadeza de *Azara microphylla* se ve realzada al cultivarla junto con especies de hojas de mayor tamaño. Las especies perennifolias desempeñan a menudo un doble papel, ya que durante el verano acompañan a los árboles caducifolios y, en invierno, ocupan el centro del escenario.

NOMBRE/DESCRIPCIÓN	tolera los suelos pesados y arcillosos	tolera los suelos alcalinos	tolera los suelos con drenaje inadecuado	tolera los suelos secos	tolera las salpicaduras marinas	tolera la exposición a las inclemencias	tolera los fríos extremos	perennifolia	tamaño compacto	flores atractivas (estación del año)	frutos o piñas atractivos	color otoñal	corteza atractiva	interés invernal
Acer palmatum «Atropurpureum» Las hojas son carmesíes durante el verano y, en otoño, se tornan de un color rojo fuego										P	●	●		
Acer pseudoplatanus «Brilliantissimum» Las hojas lobuladas muestran, al abrirse, una vibrante tonalidad rosada	●	●			●	●			●					
Alnus glutinosa «Imperialis» Las hojas recortadas en estrechos lóbulos confieren un aspecto plumoso	●		●	●										●
Aralia elata Las enormes hojas confieren a esta planta una inusual apariencia de helecho										V/O	●	●		
Azara microphylla «Variegata» Las hojas diminutas se disponen en grandes ramos a modo de abanicos								●		P				
Chamaecyparis obtusa «Crippii» El follaje dorado se dispone en elegantes ramas con los extremos colgantes	●	●	●	●		●		●						●
Chamaecyparis pisifera «Filifera» El follaje filiforme pende de unas ramillas péndulas	●	●	●	●		●		●						●
Cordyline australis Las ramas ascendentes terminan en una corona de hojas afiladas en forma de espada					●			●		V				●
Cornus controversa «Variegata» Las hojas, con los bordes de color blanco crema, se disponen en ramas estratificadas									●	P		●		
Cryptomeria japonica «Elegans» El follaje juvenil de fina textura adquiere un impresionante color broncíneo	●	●	●			●		●						●
Eucalyptus gunnii Las atractivas hojas juveniles son redondeadas y de color verde azul plateado	●	●	●			●		●					●	●
Ficus carica Las hojas, lustrosas, carnosas y lobuladas, se tornan amarillas en otoño		●		●							●			
Ilex opaca Las hojas espinosas y mate en ambas caras proporcionan una adecuada protección invernal					●			●			●			●
Magnolia grandiflora «Little Gem» Las hojas poseen el haz lustroso y un tomento castaño herrumbroso en el envés	●	●						●		P/V	●			
Pyrus salicifolia «Pendula» Las hojas jóvenes están cubiertas con una fina pubescencia gris azulada	●									P	●			
Rhus typhina «Dissecta» Los folíolos profundamente divididos confieren una fina textura al follaje	●	●		●							●	●	●	
Robinia pseudoacacia «Frisia» Las hojas, de un brillante amarillo dorado, destacan incluso a gran distancia		●		●	●		●							
Salix magnifica Las hojas, de gran tamaño, pueden confundirse con las de una magnolia			●							P				
Taxus baccata «Standishii» Las hojas, de color amarillo dorado, están dispuestas radialmente sobre los brotes	●	●		●		●		●	●		●			●
Trachycarpus fortunei Las hojas, en forma de abanico, aportan una combinación de forma y diseño inusual en las zonas templadas o templadas frías					●			●		V	●			●

CLAVE

P *primavera* ■ **V** *verano* ■ **O** *otoño* ■ **I** *invierno*

165

En el sentido de las agujas del reloj, desde el ángulo superior izquierdo:

Acer palmatum
Cercis canadensis
Cotinus coggygria
Euonymus hamiltonianus
Euptelea polyandra
Koelreuteria paniculata
Nyssa sylvatica
Parrotia persica
Centro:
Rhus typhina

Color otoñal

Muchos árboles, gracias a sus hojas, confieren un color otoñal. La descomposición de la clorofila, el pigmento verde dominante, muestra varias sustancias coloreadas que, en los mejores años, ofrecen una magnífica paleta de tonalidades. Algunos árboles son fiables año tras año en lo que respecta a su color otoñal, mientras que otros varían en mayor medida, dependiendo de las condiciones climáticas y pueden desprenderse de sus hojas tras haber adquirido éstas otro tono distinto al amarillento. Los arces japoneses son, quizás, los árboles más conocidos por su interés otoñal, ya que muchas de sus variedades cultivadas se seleccionaron por sus intensos colores. Aunque menos conocidas, muchas especies del género *Euonymus* confieren un color otoñal a sus hojas en fechas tempranas, que se combina con sus espectaculares frutos.

NOMBRE/DESCRIPCIÓN	tolera los suelos pesados y arcillosos	tolera los suelos alcalinos	tolera los suelos con drenaje inadecuado	tolera los suelos secos	tolera las salpicaduras marinas	tolera la exposición a las inclemencias	tolera los fríos extremos	perennifolia	tamaño compacto	flores atractivas (estación del año)	frutos o piñas atractivos	interés del follaje	corteza atractiva	interés invernal
Acer griseum Las hojas adquieren una amplia serie de tonalidades, que oscilan entre el rojo y el naranja													●	●
Acer japonicum «Vitifolium» En otoño, las hojas adquieren un color rojo intenso										P	●	●	●	
Acer palmatum «Osakazuki» Las hojas de otoño, de un rojo intenso, le convierten en uno de los mejores arces japoneses												●		
Amelanchier lamarckii Las hojas confieren color cuando se acaban de abrir, así como en otoño	●		●							P				
Cercis canadensis Las hojas adquieren, en ocasiones, atractivas tonalidades amarillentas		●	●							P	●			
Cladrastis kentukea Las grandes hojas pinnadas, en otoño, se tornan de un color amarillo claro y brillante	●	●										●		
Cornus kousa En otoño, las hojas adquieren unas magníficas tonalidades rojas y anaranjadas										V	●			
Cotinus coggygria Las hojas confieren, en otoño, un gran colorido		●								V		●		
Crataegus crus-galli Las hojas son conocidas por su hermosa gama de colores otoñales	●		●	●	●	●	●			P	●			●
Eucryphia glutinosa Sus hojas caducas adquieren diversas tonalidades anaranjadas y rojizas								s		V				
Euonymus hamiltonianus Las hojas adquieren un colorido amarillento y rojizo en otoño	●	●		●	●	●	●		●		●			
Euptelea polyandra Sus bien formadas hojas confieren un excelente colorido a base de tonos rojizos y amarillentos		●							●	P		●		
Lagerstroemia x *fauriei* Las hojas confieren a menudo una amplia gama de colores otoñales				●						●	V/O			●
Nyssa sinensis Adquiere colores otoñales, desde amarillos a púrpuras, pasando por rojos y anaranjados		●										●	●	
Oxydendrum arboreum Las lustrosas hojas se tornan de un color amarillo, rojo y púrpura										V		●		
Parrotia persica El color otoñal empieza en una época temprana y colorea la copa de rojo, amarillo y anaranjado	●	●								I/P		●	●	●
Pyrus calleryana «Bradford» Es conocido por sus hermosas tonalidades otoñales rojizas y anaranjadas brillantes				●						P				
Rhus typhina Las hojas grandes y pubescentes se tornan de un color anaranjado intenso	●	●	●									●	●	
Stewartia sinensis Se trata de un color foliar impredecible, que oscila desde el rojo brillante al anaranjado										V			●	●
Tilia mongolica Las hojas terminan su ciclo anual adquiriendo un hermoso color amarillo dorado				●										

CLAVE

P *primavera* ■ **V** *verano* ■ **O** *otoño* ■ **I** *invierno*

s *semiperenne*

En el sentido de las agujas del reloj, desde el ángulo superior izquierdo:

Acer davidii «Serpentine»
Acer griseum
Arbutus unedo
Betula utilis var. *jacquemontii*
Parrotia persica
Lagerstroemia indica x *fauriei*
Pinus sylvestris «Aurea»
Prunus serrula
Centro:
Taxus baccata

Corteza atractiva

La corteza ornamental constituye una de las características más valiosas en un árbol de jardín. Puede usarse del mismo modo que un follaje espectacular, es decir, para realzar visualmente el jardín. En este sentido, el emplazamiento de los árboles con cortezas ornamentales deberá elegirse con gran esmero. Algunas especies, como los arces de «corteza de serpiente», mejoran con el transcurso del tiempo, mientras que otras, y, en especial, los sauces, tienen que someterse a repetidas podas para producir brotes jóvenes de colores brillantes. Los abedules de corteza pálida resultan muy efectivos cuando se cultivan en pequeños grupos, en emplazamientos elevados. La corteza de algunos árboles es muy táctil, además de visualmente atractiva, y estas plantas pueden ubicarse cerca de los caminos o las zonas pavimentadas donde mejor se aprecie este atributo. Una suave limpieza puede ayudar a eliminar las algas y el polvo de los árboles de corteza lisa, lo que potencia un hermoso lustre.

NOMBRE/DESCRIPCIÓN

NOMBRE/DESCRIPCIÓN	tolera los suelos pesados y arcillosos	tolera los suelos alcalinos	tolera los suelos con drenaje inadecuado	tolera los suelos secos	tolera las salpicaduras marinas	tolera la exposición a las inclemencias	tolera los fríos extremos	perennifolia	tamaño compacto	flores atractivas (estación del año)	frutos o piñas atractivos	interés del follaje	color otoñal	interés invernal
Acer davidii ssp. *grosseri* Posee una llamativa corteza verde grisácea con un hermoso dibujo de venas blancas										P		●	●	
Acer griseum La corteza, de color pardo herrumbroso, se exfolia en finas escamas y deja al descubierto capas inferiores de distintos colores													●	
Acer palmatum «Sango kaku» Posee unos brotes y tallos jóvenes de un color rosa coral brillante												●	●	●
Aralia elata Posee tallos gruesos cubiertos de espinas	●	●	●							V/O		●	●	
Arbutus unedo La corteza, de áspera textura, contrasta con las hojas perennes y brillantes		●		●	●			●		O	●			●
Betula utilis var. *jacquemontii* La llamativa corteza oscila del blanco al cobrizo pasando por el pardo anaranjado	●					●								
Eucalyptus parvifolia La corteza se exfolia de forma irregular y deja al descubierto una amplia gama de capas inferiores coloreadas	●	●		●				●				●		●
Lagerstroemia indica x *fauriei* La corteza se exfolia y posee unas atractivas motas de varios colores				●			●			V/O			●	
Ligustrum lucidum Los árboles viejos a menudo desarrollan un tronco con un atractivo estriado	●	●		●						V				
Maackia amurensis La corteza de los árboles jóvenes posee un color marrón brillante intenso, aunque se torna más áspera y se exfolia con el paso del tiempo		●								P/V		●		
Morus nigra La corteza no tarda en tornarse rugosa y tortuosa, lo que confiere más carácter al árbol		●										●		
Nyssa sinensis La corteza, de un color pardo grisáceo, se agrieta y se exfolia en escamas con el paso del tiempo			●									●	●	
Parrotia persica La corteza se exfolia en escamas y adquiere un dibujo en mosaico	●	●								I/P		●	●	●
Pinus sylvestris «Aurea» La corteza se exfolia en placas	●			●	●	●		●			●			●
Prunus maackii La corteza lustrosa de color ámbar a menudo se exfolia en grandes tiras	●	●				●				P				●
Prunus serrula El tronco y las ramas principales muestran una magnífica corteza lustrosa de color pardo rojizo con franjas de exfoliación	●	●								P				
Salix alba «Britzensis» Los árboles, podados a intervalos regulares, producen tallos de un deslumbrante color rojo	●		●	●		●								
Stewartia pseudocamellia La corteza, de color pardo rojizo, se exfolia y pone al descubierto las capas inferiores, de tonalidades rosadas y grises			●							P/V			●	
Syringa reticulata Posee una corteza castaño rojiza y brillante, con lenticelas horizontales	●	●				●				P				
Taxus baccata Los árboles maduros desarrollan una corteza pardo rojiza con atractivos surcos y crestas	●	●		●	●			●			●			●

CLAVE

P *primavera* ■ V *verano* ■ O *otoño* ■ I *invierno*

En el sentido de las agujas del
reloj, desde el ángulo superior
izquierdo:
Betula utilis «Silver Shadow»
Cedrus atlantica «Glauca Pendula»
Chamaecyparis pisifera «Filifera
    Aurea»
Cornus mas
Parrotia persica
Pinus sylvestris «Aurea»
Salix alba «Britzensis»
Salix daphnoides «Aglaia»
Centro:
Taxus baccata «Standishii»

Interés invernal

Los árboles que poseen interés invernal pueden conferir colorido, así como atractivo, a los jardines incluso en la época menos prometedora del año. Los candidatos más evidentes son los perennifolios y, en especial, los que poseen un follaje brillante o variegado como los acebos. Sin embargo, otras características, como una corteza coloreada o una ramificación ornamental, resultan tan valiosas como el follaje perenne. Algunas especies, entre las que destacan *Cornus mas* y *Parrotia persica*, florecen a finales de invierno, de modo que anuncian la primavera. Con cierta planificación, las plantas con interés invernal pueden agruparse con el fin de maximizar su impacto en partes concretas del jardín que puedan contemplarse desde un cómodo y cálido punto panorámico en el interior de la casa.

NOMBRE/DESCRIPCIÓN

Nombre/Descripción	tolera los suelos pesados y arcillosos	tolera los suelos alcalinos	tolera los suelos con drenaje inadecuado	tolera los suelos secos	tolera las salpicaduras marinas	tolera la exposición a las inclemencias	tolera los fríos extremos	perennifolia	tamaño compacto	flores atractivas (estación del año)	frutos o piñas atractivos	interés del follaje	color otoñal	corteza atractiva
Arbutus unedo Las flores blancas en forma de urna y los mayores y más vistosos frutos rojos (los madroños) permanecen hasta bien entrado el invierno	●				●	●				O	●			●
Betula pendula «Youngii» La luz del sol invernal confiere a la copa carente de hojas un bonito matiz púrpura	●		●	●										●
Betula utilis «Silver Shadow» Se trata de uno de los abedules de corteza blanca más llamativos	●													●
Cedrus atlantica «Glauca Pendula» Las ramas cuelgan hacia el suelo y forman una cortina de follaje gris azulado	●	●				●					●	●		
Chamaecyparis obtusa «Nana Gracilis» Posee ramas de follaje verde brillante con un inusual aspecto de helecho	●	●	●	●			●	●				●		
Chamaecyparis pisifera «Filifera Aurea» La textura del follaje queda realzada por su coloración dorada	●	●	●			●						●		
Cornus mas Las pequeñas flores amarillas llenan la densa estructura de ramas a finales de invierno	●						●			I	●		●	
Crataegus x *lavallei* «Carrierei» Las hojas y los frutos confieren un espléndido color otoñal que perdura hasta bien entrado el invierno	●	●	●		●	●	●			P	●		●	
Eucalyptus gunnii La corteza ornamental y el follaje perenne proporcionan color invernal	●	●		●		●						●		●
Fagus sylvatica «Purpurea Pendula» La ausencia invernal de las hojas pone al descubierto un entramado de ramas		●			●	●						●	●	
Ilex aquifolium Posee hojas perennes y espinosas y bayas muy brillantes	●	●	●			●					●			
Juniperus scopulorum El contorno marcado y simétrico y el follaje perenne amenizan todas las estaciones del año	●			●		●	●	●						
Parrotia persica Las flores, de color rojo brillante, aparecen a finales del invierno o a principios de primavera	●	●								I/P		●	●	●
Pinus sylvestris «Aurea» A mediados de invierno sus acículas adquieren una magnífica tonalidad dorada	●			●		●	●				●	●		
Rhus typhina Las densas panículas, de frutos rojos y peludos, persisten con frecuencia hasta entrado el invierno	●	●		●							●		●	
Robinia pseudoacacia «Tortuosa» Las retorcidas ramas tienen en invierno su momento más espectacular		●		●		●						●		
Salix alba var. *vitellina* Para favorecer el desarrollo de los jóvenes tallos, lo mejor son las podas a intervalos regulares	●		●			●								●
Salix daphnoides «Aglaia» Posee impresionantes amentos de color amarillo brillante y tallos rojos en invierno	●		●			●				P				●
Taxus baccata (variedades cultivadas) Muestran una gran variedad de texturas y colores	●	●		●		●		●			●	●		
Ulmus glabra «Camperdownii» Las pálidas ramas invernales constituyen una bóveda péndula	●	●					●							

CLAVE

P *primavera* ■ **V** *verano* ■ **O** *otoño* ■ **I** *invierno*

Bibliografía/Asociaciones

Bibliografía

Albano, Pierre-Olivier, *Conocer las palmeras, cultivo y utilización*, Ediciones Omega, 2002.

Brickell, Christopher; Joyce, David, *Pruning & training* (AHS Practical Guides), DK Publishing Inc, 1996.

Brown, George E.; Kirkham, Tony; Lancaster, Roy, *The pruning of trees, shrubs and conifers*, Timber Press, 2004.

Byers, David, *Crapemyrtle, A Groucer's Thoughts*, Owl Bay Publishers, 1997.

Galle, Fred C., *Hollies: The Genux Ilex*, Timber Press, 1997.

Gelderen, C. J. van; Gelderen, D.M. van, *Maples for Gardens: A Color Encyclopaedia*, Timber Press, 1999.

Gelderen, D.M.; Van Hoey Smith, J.R.P., *Conifers: The Illustrated Encyclopaedia* (2 volúmenes), Timber Press, 1996.

Greenwood, Pippa; Halstead, Andrew; A.R., Chase; Gilrein, Daniel, *Enciclopedia de las plagas y enfermedades de las plantas*, Naturart, 2002.

López Lillo, Antonio; Sánchez de Lorenzo Cáceres, José Manuel, *Árboles en España. Manual de identificación*, Ediciones Mundi-Prensa, 2001.

Moro, Rafael, *Guía de los árboles de España*, Ediciones Omega S.A., 2002.

Prendergast, Daniel; Predergast, Erin, *The Tree Doctor: A Guide To Tree Care and Maintenance*, Firefly Books Ltd, 2003.

Sinclair, Wayne A.; Lyon, Howard H.; Jonson, Warren T., *Diseases of Trees and Shrubs*, Comstock Publishing, 1987.

Vertrees, J.D.; Gregory, Peter, *Japanese Maples*, Timber Press, 2001.

Asociaciones

Asociación española de arboricultura
aea@aearboricultura.com
www.aearboricultura.com

Asociación española de amigos de las palmeras
C/ Beato Gálvez, 9, 1.º
46007 Valencia
e-mail: deborah@ctv.es

Asociación de profesionales de los espacios verdes de Cataluña (APEVC)
C/ Londres, 96, principal 2
08036 Barcelona
Tel.: 934 141 365 / 607 633 790
Fax 933 969 720
e-mail: info@apevc.org

Asociación Española de Parques y Jardines Públicos (AEPJP)
www.aepjp.com
e-mail: secretaria@aepjp.com

Asociación mexicana de arboricultura
Av. San Pablo, 180
Col. Reynosa Tamaulipas / 02200

Índice

Los números de página en **negrita** remiten al texto

Los números de página en *cursiva* remiten a los pies de fotografía

A

Abedul común 43
Abedul del Himalaya **44-45**
Abedul llorón **43**
Acebo americano **86-87**
Acebo común **84-85**
Acedero arbóreo **110**
Acer: A. davidii **22-23**
    «Ernest Wilson» 22
    «George Forrest» 22
    «Serpentine» 22, *168*
    A. griseum **24-25**, 167, *168*, 169
    A. grosseri (A. hersii) 22, 169
    A. japonicum **26-27**, 163
        «Aconitifolium» 26
        «Vitifolium» 26
    A. palmatum 10, 11, 26, **28-30**, *166*
        «Atropurpureum» *164*, 165
        «Crimson Queen» 28
        «Deshojo» 30
        «Dissectum» 28, 29
        «Katsura» 28
        «Osakazuki» 28, 167
        «Sango kaku» 15, 30, 169
        «Senkaki» 30
        «Shishigashira» 30
    A. pseudoplatanus «Brilliantissimum» **31**, 165
        «Worleei» 31
    A. shirasawanum 26
        «Aureum» 26
    A. triflorum 24
Aesculus: A. glabra 34
    A. x *neglecta* «Erythroblastos» **32-33**
    A. pavia **34**, *160*, 161
        «Atrosanguinea» 34
Aligustre (aligustre arbóreo, aligustre de la China) **94**
Aligustre de la China 94
Aliso común 35
Aliso gris **35**
Almendro **118**
Alnus, A. glutinosa, «Imperialis» 35, 165
    «Pyramidalis» («Fastigiata») 35
    A. incana «Aurea» **35**
    «Laciniata» 35
Amelanchier 8
    A. arborea 36, *37*
    A. «Ballerina» 36, *36*, 161

    A. canadensis 36
    A. laevis 36
    A. lamarckii **36-37**, 160, *160*, 167
Aralia: A. elata **38-39**, 161, 165, 169
    «Aureomarginata» 38
    «Variegata» 38
    A. spinosa 38
Árbol de Angélica **38-39**
Árbol de hierro **111**
Árbol de Júpiter **92-93**
Árbol de la cera 129
Árbol de las pelucas **62-63**
Árbol de los farolitos **89**
Árbol del amor o de Judas 49
Árboles:
    Capacidad invasora **13**
    Compra de 14-15
    Cuidados de 18-19
    Elección de 8
    En el paisaje del jardín 9, 16
    Requisitos de cultivo 11-12
    rusticidad 10-11
    Salud y seguridad 13
    Tamaño 9-10
Arbutus: A. x *andrachnoides* 40, *40*
    A. canariensis 40
    A. menziesii 40
    A. unedo **40-41**, *162*, 163, *168*, 169, 171
        «Elfin King» 40
        «Rubra» 40, *40*
Arce afelpado japonés **26-27**
Arce blanco **31**
Arce chino gris **24-25**
Arce del Padre David **22-23**
Arce japonés palmeado **28-30**
Azara: A. microphylla 11, **42**, 164, *164*, 165
    A. serrata 42
        «Variegata» 42, *42*

B

Betula: B. pendula 12
    «Dalecarlica» 43
    «Gracilis» 43
    «Laciniata» 43
    «Youngii» 9, **43**, 171
    B. utilis **44-45**
        «Doorenbos» 44
        «Silver Shadow» *170*, 171
        var. *jacquemontii (B. jacquemontii)* *168*, 169
Bonetero **76**

C

Cedro azul del Atlas (forma péndula) **46-47**
Cedro del Himalaya 47
Cedrus: C. atlantica «Glauca Pendula» **46-47**, *170*, 171
    «Pendula» 47
    C. deodara «Aurea» 47
Cercis: C. canadensis **48-49**, *160*, 161, *166*, 167
    «Alba» 49
    «Forest Pansy» 49, *49*
    C. siliquastrum 49
Cerezo de Manchuria 119
Cerezo de primavera **120**
Cerezo tibetano **119**
Chamaecyparis: C. lawsoniana 50
    C. obtusa **50**
        «Crippsii» 50, 165
        «Nana Aurea» 50, *50*, *164*
        «Nana Gracilis» 50, 171
        «Spiralis» 50, *50*
    C. pisifera «Filifera» **51**, 165
        «Filifera Aurea» 51, *51*, *170*, 171
        «Squarrosa» 51
    Chamaerops humilis 154
Chaquihue **68-69**
Chinchín **42**
Chionanthus: C. retusus 52, *52*
    C. virginicus **52-53**, 161
Ciclamor americano **48-49**
Ciruelillo **72**
Cladrastis: C. kentukea (Cladrastis lutea) **54-55**, 167
    «Perkin's Pink» (*C. lutea* «Rosea») 54
    C. sinensis 54
Clima 10-11
Codeso de los Alpes 90
Codeso híbrido **90**
Copío **68-69**
Cordyline australis 154, 165
Cornejo de hojas alternas **56-57**
Cornejo del Pacífico 59
Cornejo florido 59
Cornejo gigante 56
Cornejo kousa **58-59**
Cornejo macho **60-61**
Cornus: C. alternifolia **56-57**, 163
    «Argentea» («Variegata») 56
    C. controversa 56
        «Variegata» 56, *56*, 165
    C. florida 59
    C. kousa **58-59**, 161, 167
        var. *chinensis* 59
        «Satomi» 59

C. mas **60-61**, 170, *170*, 171

    «Aurea» 60

    «Aurea Elegantissima» («Tricolor») 60

    «Variegata» 60, *60*

  C. nuttallii 59

Cotinus: C. coggygria **62-63**, *166*, 167

    «Atropurpureus» (f. *purpureus*) 62

    «Royal Purple» 9, 62

  C. «Grace» 62

  C. «Flame» 62

  C. obovatus 62

Crataegus 12, 13

  C. crus-galli **64-65**, 167

  C. laevigata **66-67**, 161

    «Aurea» 66

    «Gireoudii» 66

    «Paul's Scarlet» 66, *66*

    «Plena» 66, *66*

    «Punicea» («Crimson Cloud») 66

    «Rosea Flore Pleno» *66*

  C. x *lavallei* «Carrierei» 64, *64*, 162, 163, 171

  C. hookerianum **68-69**, *160*, 161

  C. patagua 68

Criptomeria japonesa **70-71**

Cryptomeria japonica «Elegans» **70-71,** *164*, 165

    «Sekkan-sugi» 70

E

Embothrium 72

  E. coccineum **72**, *160*

  E. var. *lanceolatum* 72

    «Norquinco» 72

  E. var. *longifolium* 72

Enebro de las Rocosas **88**

Espino de espolones **64-65**

Espino navarro **66-67**

Estoraque japonés **144-145**

Estoraque oloroso 144

Eucalipto de Gunn **73**

Eucalyptus: E. gunnii **73**, *164*, 165, 171

  E. parvifolia 73, 169

Eucryphia: E. glutinosa **74-75**, 161, 167

  E. x *intermedia* «Rostrevor» 74

  E. x *nymansensis* 74

Euonymus: E. europaeus «Atropurpureus» 76

  E. hamiltonianus **76-77**, 163, *166*, 167

    «Coral Charm» 76

    «Coral Chief» 76

Euptelea: E. pleiosperma 78

  E. polyandra **78-79**, *166*, 167

Euptelea japonesa **78-79**

Evodia de Danielli **150-151**

Evónimo **76**

F

Fagus sylvatica «Purpurea pendula» 80, 171

Falsa acacia **130-131**

Falsa camelia de Japón 142

Falso castaño aurora **32-33**

Falso castaño de flores rojas **34**

Falso castaño de Ohio 34

Falso ciprés de Lawson 50

Falso ciprés hinoki (cultivares) **50**

Falso ciprés sawara (cultivar) **51**

Ficus: F. benghalensis 81

  F. carica **81**, *162*, 163, *164*, 165

    «Brown Turkey» *81*

  F. benjamina 81

  F. religiosa 81

Flor de nieve de Carolina **82**

Flor de nieve de montaña 82

Fotinia oriental **112-113**

Fustete **62-63**

G

Guillomo arbóreo **36-37**

Guindo santo **74**

H

Halesia: H. carolina (tetraptera) **82**, 161, *162*, 163

  H. diptera 82

  H. monticola «Rosea» 82

  var. *vestita* 82

Haya cobriza péndula **80**

Higuera **81**

Hoheria: H. glabrata **83**, 161

  H. «Glory of Amlwch» 83, *83*

  H. sexstylosa 83, *83*

Hundimiento, riesgos de 6, 16

I

Ilex: I. aquifolium 12, 13, **84-85**, *162*, 163, 171

    «Argentea Marginata» 84, *84*

    «Bacciflava» 84

    «J. C. van Tol» 84, *84*

    «Pendula» 84

  Ilex opaca **86-87**, *164*, 165

    «Canary» 86

    «Croonenburg» 86

    «Howard» 86

    «Jersey Princess» 86

    «Steward Silver Crown» 86

J

Jabonero de la China **89**

Juniperus: J. communis «Hibernica» 88

  J. scopulorum 10, **88,** 171

    «Blue Heaven» 88

    «Skyrocket» 88, *88*

    «Tolleson's Weeping» 88

K

Koelreuteria paniculata 11, **89**, 161, 162, 163, *166*

    «Fastigiata» 89

    «September Gold» 89

L

Laburnum: L. alpinum 90

    «Pendulum» 90, *91*

  L. anagyroides 90, *90*

    «Aureum» 90

  L. x *watereri* **90-91**, *160*, 161

    «Vossii» 90, *90*

  Lagerstroemia indica **92-93**

  x *fauriei* 93, *160*, 161, 167, *168*, 169

    «Miami» 93

    «Natchez» 93

Ligustrum: L. japonicum 94

  L. lucidum **94**, 160, 161, 169

    «Excelsum Superbum» 94, *94*

    «Tricolor» 94

Lilo japonés **146-147**

Lluvia de oro 90

M

Maackia: M. amurensis 95

  M. chinensis 95

Maackia del Amur **95**

Madroño **40-41**

Madroño canario 40

Madroño de California 40

Magnolia **96-97**

Magnolia: M. grandiflora 10, **96-97**

    «Ferruginea» *97*

    «Goliath» 96

    «Little Gem» 10, 96, 165

    «Victoria» 96

  M. x *soulangiana* **98-99**, 163

    «Alba Superba» 98, *98*

    «Alexandrina» 98

    «Brozzoni» 98

    «Grace McDade» 98

    «Lennei» 98

  M. stellata **100-101**, *160*, 161

    «Centennial» 100, *100*

    «Rosea» 100, *100*

    «Water Lily» 100

Magnolia de Soulange **98-99**

Magnolia estrellada **100-101**

Malus 13

  M. «Centurion» 102

  M. «Donald Wyman» 102

  M. floribunda **102-103**, *162*, 163

  M. «Golden Hornet» 102, *102*

  M. hupehensis **104-105**, 161

    «Cardinal» 104

    «Rosea» 104

  M. sargentii 104, *104*

    «Tina» 104

  M. «Sugar Tyme» 102

Manzano silvestre de Hupeh **104-105**

Manzano silvestre japonés **102-103**

Morera negra **106-107**

Morus: M. alba 106
    «Chaparral» 106
    «Pendula» 106
    «Stripling» 106
    «Urbana» 106
    M. nigra **106-107**, *162*, 163, 169
Mostajo **136-137**

N

Notro **72**
Nyssa: N. sinensis **108-109,** 167, 169
    N. sylvatica 108, *108*, 166

O

Olmo de Camperdown **156-157**
Olmo de Siberia 156
Olmo de tres hojas **122-123**
Oxidendro **110**
    Oxydendrum arboreum **110**, 167

P

Palmera de Fortune **154-155**
Palmito 154
Parrotia de Persia **111**
Palmito elevado **154-155**
    Parrotia persica 10, **111**, *166*, 167, *168*, 169,
        170, *170*, 171
        «Pendula» 111
        «Vanessa» 111
Patagua 68
Pavía roja **34**
Peral de Callery **124-125**
Peral de hojas de sauce (forma péndula) **126-127**
    Phellodendron amurense 150
Photinia: P. davidiana 112
    P. villosa **112-113**, 163
Pino chino de Bunges 114
Pino del Colorado (Pino de piñas erizadas) **114-
115**
Pino silvestre dorado **116-117**
Pinus: P. aristata **114-115**, 163
    P. bungeana 114, *114*
    P. sylvestris «Aurea» **116-117**, *168*, 169, *170*,
        171
        «Fastigiata» 116
        «Nana» («Watereri nana») 116
        «Watereri» 116
Plagas y enfermedades 12-13
poda 18-19
Polizonte **68-69**
Prunus: P. dulcis **118**
    «Alba» 118
    «Macrocarpa» 118
    «Roseoplena» 118
    P. maackii 119, *119*, 169
    P. serrula **119**, *168*, 169
    P. serrulata 120
        «Amanogawa» 120
        «Hisakura» 120

    «Kanzan» 120
    «Royal Burgundy» 120
    «Shirofugen» 120
    P. x *subhirtella* **120-121**, *160*, 161
        «Autumnalis» 120
        «Pendula Rosea» 120
        «Pendula Rubra» 120, *121*
        «Stellata» 120, *121*
    Ptelea trifoliata **122-123**
        «Aurea» 122
Pyrus: P. calleryana **124-125**
        «Bradford» 124, 167
        «Chanticleer» 124, *124*
    P. salicifolia 126, *164*
        «Pendula» **126-127**, 165

R

Rhus: R. succedanea 129
    R. trichocarpa 128, 129, *129*
    R. typhina **128-129**, *162*, 163
        «Dissecta» («Laciniata») 129, 165
Robinia **130-131**
    Robinia pseudoacacia **130-131**
        «Bessoniana» 130
        «Frisia» **11,** 130, 165
        «Tortuosa» 130
        «Umbraculifera» 130

S

Salix alba «Britzensis» («Chermesina») **132-133,**
    169, *170*
    var. *sericea* 132
    var. *vitellina* 132, *132*, 171
    S. caprea 134
        «Kilmarnock» 134
        «Weeping Sally» 134
    S. daphnoides 6, **134**
        «Aglaia» 134, *170*, 171
    S. magnifica 165
    S. matsudana «Tortuosa» (*S. babylonica* var.
        pekinensis «Tortuosa») **135**
Sauce cabruno 134
Sauce de corteza coralina **132-133**
Sauce dafnoide **134**
Sauce tortuoso (sauce de Pekín) **135**
Serbal de los cazadores (serbal silvestre) **138-139**
Serbal de Suecia 136
Serbal de Vilmorin **140**
Sorbus 13, *13*
    S. aria **136-137**
        «Chrysophylla» 136, *136*
        «Lutescens» 136, *136*
    S. aucuparia 12, **138-139**, *162*, 163
        «Aspleniifolia» 138
        «Beissneri» 138
        «Edulis» 138
        «Fastigiata» 138
        «Rossica Major» 138
    S. cashmeriana 140

    S. hupehensis 140, *140*
    S. intermedia 136
    S. vilmorinii **140**
Staphylea: S. colchicus 141
    S. holocarpa **141**, 163
        «Rosea» 141, *141*
Stewartia 12
    S. malacondendron 142
    S. pseudocamellia 142, 169
    S. serrata 142
    S. sinensis **142-143**, 167
Stewartia china **142-143**
Stewartia de Virginia 142
Styrax: S. japonica **144-145**
    «Pink Chimes» 144
    S. obassia 144, *144*
Suelo 12
Syringa reticulata **146-147**, 169
    «Ivory Silk» 146
    «Summer Snow» 146

T

    Taxus baccata **148-149,** *168*, 169, 171
        «Adpressa Variegata» 148
        «Fastigiata» 148, 163
        «Standishii» 148, *148*, 165, *170*
Tejo común **148-149**
Tejo irlandés 148
    Tetradium daniellii **150-151,**163
Tilia: T. cordata 152
    T. mongolica **152-153,** 167
        «Harvest Gold» 152
Tilo de Mongolia **152-153**
    Trachycarpus fortunei 9, **154-155**, 164, 165
Tupelo chino **108-109**
Tupelo negro 108

U

Ulmus: U. glabra «Camperdownii» **156-157**, 171
    «Pendula» («Horizontalis») 156
    U. pumila 156

Z

Zumaque de Virginia **128-129**

Zonas de rusticidad

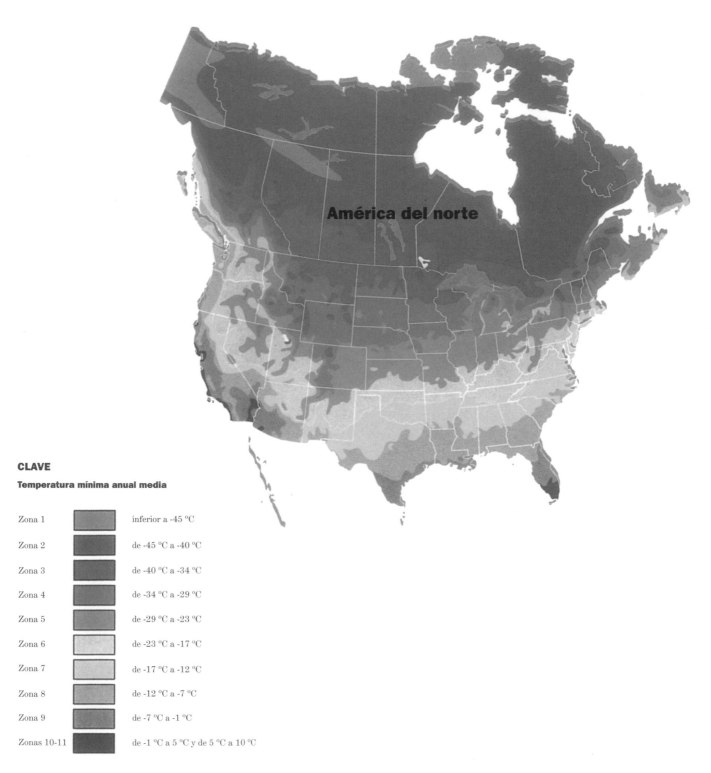

América del norte

CLAVE

Temperatura mínima anual media

Zona 1		inferior a -45 ºC
Zona 2		de -45 ºC a -40 ºC
Zona 3		de -40 ºC a -34 ºC
Zona 4		de -34 ºC a -29 ºC
Zona 5		de -29 ºC a -23 ºC
Zona 6		de -23 ºC a -17 ºC
Zona 7		de -17 ºC a -12 ºC
Zona 8		de -12 ºC a -7 ºC
Zona 9		de -7 ºC a -1 ºC
Zonas 10-11		de -1 ºC a 5 ºC y de 5 ºC a 10 ºC

Recuerde que la rusticidad no se limita a las temperaturas mínimas.
La capacidad de una planta para sobrevivir ante ciertas temperaturas
está relacionada con diversos factores, tales como la sombra o el
lugar que ocupa en el jardín.